축구선수를 위한
　　웨이트 트레이닝

**축구선수를 위한
웨이트 트레이닝**

초판 1쇄 펴낸날 2024년 7월 8일
초판 2쇄 찍은날 2024년 12월 20일

지은이 이용수

펴낸이 최윤정
펴낸곳 도서출판 나무와숲 | 등록 2001-000095
주 소 서울특별시 송파구 올림픽로 336 910호(방이동, 대우유토피아빌딩)
전 화 02-3474-1114 | 팩스 02-3474-1113
e-mail namuwasup@namuwasup.com

ⓒ 이용수 2024

ISBN 979-11-93950-02-9   03690

---

* 이 책의 무단 전재 및 복제를 금지하며, 글이나 이미지의 전부 또는 일부를
  이용하려면 반드시 저작권자와 도서출판 나무와숲의 서면 허락을 받아야 합니다.
* 값은 뒤표지에 있습니다.
* 잘못 만들어진 책은 구입하신 서점에서 바꿔 드립니다.

축구선수를 위한 웨이트 트레이닝

이용수 지음

축구는 과학이 아니다.
그러나 과학은 축구의 수준을 향상시킬 수 있다.

— 장 방스보 Jens Bangsbo —

들어가는 글

연구 결과에 따르면 축구선수는 한 경기에 평균 10km를 달리고, 약 30초 간격으로 15~20m의 거리를 최고 스피드로 달리는 간헐적 운동을 반복하는 형태가 8~18%의 비중을 차지한다고 한다. 또한 정지 상태에서 빠르게 출발하는 동작이 약 48~70회, 천천히 조깅하다가 빠른 스프린트로 속도가 변하는 횟수가 약 40~62회 나타나는 것으로 관찰되었다. 그리고 경기 수준이 높아질수록 최대 스피드를 발휘해야 하는 거리가 증가하고, 빈도 또한 더 자주 발생해 축구선수가 경기 중 쉴 수 있는 회복 시간은 줄어드는 것으로 조사되었다.

이와 같은 경기에서의 선수 움직임을 통해 축구 경기는 고강도이면서도 간헐적 운동에 해당한다는 사실과, 간발의 차이로 득점 여부가 결정되는 경기라는 특성을 갖는다는 것을 알 수 있다. 이러한 점에 비추어 경기력에 결정적인 영향을 미치는 하지 각 근의 높은 순발력과 스피드, 그리고 순간적인 고강도 운동 후 빠르게 회복하는 능력 등이 축구선수에게 필요한 주요 체력 요인임을 알 수 있다. 동시에 축구선수는 경기에서 달리기 이외에도 태클, 점프, 회전, 방향 전환, 어깨 차징 등 축구 전문 동작 또한 수행해야 하는데, 이때 상지 및 하지의 강한 근력과 순발력이 요구된다.

축구선수가 갖춰야 하는 이러한 체력 요인들을 향상시키고자 그동안 다양한 훈련 방법이 연구되어 왔다. 그중에서 웨이트 트레이닝은 근력, 근파워 및 근지구력 등을 향상시키기 위해 무게 저항을 이용하는 트레이닝 방법이다. 웨이트 트레이닝은 선수 개인의 근력 수준에 따라 과학적이고 체계적인 운동 처방을 통해 근력strength, 파워power 같은 체력적 요인을 향상시키면서 동시에 경기력 수준을 높이는 데 목표를 두고 진행해야 한다.

근력과 파워는 모든 축구선수에게 필요한 능력이자 팀의 승리를 위해서도 반드시 갖춰야 할 요소이다. 근력과 파워 증진, 그리고 경기력 향상을 위한 훈련 과정은 과학적 원리에 바탕한 훈련 계획을 세우고 장기적인 목표에 따라 이루어져야 한다.

체력 향상을 위한 트레이닝에서 가장 중요한 것은 과학적인 방법으로 훈련하는 것이다. 즉, 과학적 근거에 기초한 트레이닝 원리를 적용하여 올바른 자세로 인내심을 갖고 꾸준히 훈련해야 한다. 새로운 장비를 개발하여 활용하거나 효과가 더 빨리 나타나는 방법 등 지름길을 찾으려는 시도가 전혀 무의미한 것은 아니지만, 훈련장에서 무게와 정직하게 씨름하는 것이 가장 유효한 실천 방법이라는 데에는 이견이 없을 것이다.

현장의 많은 유·청소년팀 지도자들이 웨이트 트레이닝의 필요성 및 중요성에 대해 인지하고 있지만, 연령대별 훈련 방법과 적합한 시기

또는 효과적인 운동 강도 설정 등에 어려움을 겪고 있다. 그 밖에도 동계훈련 중에만 웨이트 트레이닝에 집중하거나, 웨이트 트레이닝을 팀 전체 훈련 일정에 포함하기보다는 개인 훈련으로 실시하도록 하는 경향도 있다.

그러나 청소년 축구선수의 웨이트 트레이닝은 훈련에서 반드시 필요하며, 초기 단계의 트레이닝은 선수의 성장 단계와 연령별 발달 단계를 따라야 한다는 것이 청소년 축구선수 트레이닝의 핵심 원리이다. 13~14세 선수는 스피드·코디네이션 트레이닝을 하면서 인체 중심부 강화를 위한 코어 트레이닝을 중점적으로 실시하고, 15세(중학교 3년)부터는 유산소 에너지 동원 능력 향상 트레이닝을 실시한다. 그리고 16세 이후에는 근력 향상을 위한 웨이트 트레이닝을 본격적으로 실시해야 한다. 웨이트 트레이닝은 남성의 경우, 제2차 성징이 나타날 때부터 하는 것이 효과적이다. 17~18세는 무산소 지구력과 함께 유산소 지구력 등 성인 축구선수가 갖춰야 할 체력 준비를 해야 하는 단계이므로, 고강도 훈련을 과학적인 방법으로 계획에 따라 진행해야 한다.

이 책은 과학적 원리에 기반한 웨이트 트레이닝으로 주기화 트레이닝의 개념, 축구선수의 에너지 동원 체계, 근력 및 파워 향상을 위한 생리학적 기전 및 트레이닝 방법 등을 제시하고 있다. 프로팀의 경우 시즌을 위한 1년 단위 긴 호흡의 장주기 훈련 프로그램과, 3~4개월 단위의 중주기 웨이트 트레이닝 프로그램까지 정리하여 지도자들의 이해를 돕고자 했다. 또한 지도자와 선수들이 쉽게 이해할 수 있도록 웨이트 트레이닝 기본 종목의 운동 방법을 그림과 함께 부록에 정리했다.

우수 선수를 위한 웨이트 트레이닝으로는 주로 프리 웨이트free weight가 활용된다. 웨이트 트레이닝은 특히 인내심이 필요한 훈련으로, 특정 축구 기술을 습득하는 훈련이 아니다. 즉 경기에서 이기기 위한 전술적 능력을 눈에 보이도록 향상시키는 훈련 방법은 아니지만, 스피드와 파워 등 축구선수가 경기력을 발휘하는 데 절대적으로 중요하고 필요한 체력적 요인 등을 준비하는 데 기여한다.

U20 월드컵 대회 준비 과정의 자료를 제공해 주신 오성환 박사님께 감사의 마음을 전하며, 필자의 부족함으로 웨이트 트레이닝에 대한 이해를 오히려 어렵게 할 수도 있다는 두려움이 앞서지만, 우리 선수들이 유럽과 세계 무대에 도전할 수 있도록 성장하는 데 조금이나마 도움이 되기를 기원한다.

2024년 6월
이용수

차 례

들어가는 글   6

I. 웨이트 트레이닝의 중요성

1. 트레이닝의 과학적 원리   18
    1) 특이성의 원리   19
    2) 과부하의 원리   19
    3) 점진적 부하 증가의 원리   20
    4) 다양성의 원리   20
    5) 가역성의 원리   21
    6) 개별성의 원리   21
    7) 연령 적합성의 원리   22

2. 주기화 원리와 트레이닝 단계   23
    1) 일반 적응 이론과 주기화 모델   23
    2) 주기화 이론에 따른 트레이닝 단계   27

3. 웨이트 트레이닝 운동 방법과 유의점   31
    1) 바른 자세와 관절 가동 범위 초과 주의   31
    2) 호흡 방법   32
    3) 단축성 수축과 신장성 수축 - 일정 리듬 유지   32
    4) 목표별 웨이트 트레이닝 운동 방법   33

4. 1RM 최대 근력 측정 방법   34
    1) 간접 측정 방법   34
    2) 직접 측정 방법   35

5. 우수 선수의 근력 트레이닝 기본 원칙   36
    1) 제1원칙 : 관절 유연성의 향상   36
    2) 제2원칙 : 건·인대의 강화   36
    3) 제3원칙 : 중심 근육의 발달   37
    4) 제4원칙 : 안정근의 발달   37
    5) 제5원칙 : 다관절 운동 중점 트레이닝   38

6. 유·청소년 선수의 연령대별 체력 트레이닝   39
    1) 유·청소년의 주요 체력 요인 특성   39
    2) 유·청소년 선수의 체격 및 체력의 발달   44
    3) EPL 프로구단의 우수 선수 육성 정책과 방향   61

7. 청소년 저항 훈련 가이드라인   71
    1) 준비운동과 정리운동   74
    2) 운동의 선택과 순서   75
    3) 트레이닝 강도와 양   76
    4) 세트와 운동 간 휴식 시간   78
    5) 반복 속도   79
    6) 트레이닝 빈도   79
    7) 프로그램의 변화   80

II. 축구 선수의 에너지 동원 체계와 경기 중 활동 형태

1. 운동 에너지 동원 체계   85
    1) ATP-PC 시스템   91
    2) 젖산 시스템   92
    3) 유산소 시스템   93

2. 축구 경기 중 활동 형태　　　　　　　　　　　　95
3. 경기 중 축구 전문 동작(풋볼 액션)　　　　　　102
4. 축구 경기의 생리적 요구 수준과 트레이닝　　　105
　　1) 에너지 대사 컨디셔닝　　　　　　　　　　106
　　2) 고강도 인터벌 트레이닝　　　　　　　　　107
　　3) 스몰 사이드 게임　　　　　　　　　　　　108
　　4) 반복 스프린트 능력　　　　　　　　　　　111
　　5) 가속과 스피드　　　　　　　　　　　　　113
　　6) 민첩성　　　　　　　　　　　　　　　　　114
　　7) 근력과 파워　　　　　　　　　　　　　　115
　　8) 탄성 저항 트레이닝　　　　　　　　　　　118
　　9) 플라이오메트릭　　　　　　　　　　　　　119
　　10) 시즌 프로그램의 구성　　　　　　　　　　120

III. 근파워의 생리학적 기전

1. 힘-속도 곡선　　　　　　　　　　　　　　　132
2. 신전 반사와 수축　　　　　　　　　　　　　134
3. 운동 단위 동원　　　　　　　　　　　　　　135
4. 실무율 법칙　　　　　　　　　　　　　　　141
5. 근세사 활주 이론　　　　　　　　　　　　　143
6. 파워 발현과 에너지 동원 체계　　　　　　　146
7. 근섬유 형태와 특징　　　　　　　　　　　　149

IV. 파워 향상을 위한 트레이닝 원리

1. 기계적 파워	160
2. 최대 근력	163
3. 순발력	166
4. 적정 부하와 근력 및 파워의 발달	169
5. 적절한 파워를 위한 복합 훈련법	172
6. 파워 향상을 위한 주기화 트레이닝 방법	177

V. 시즌 웨이트 트레이닝과 주기화 단계별 트레이닝 프로그램

1. 프로팀의 시즌 중 근력 및 파워 트레이닝	181
1) 트레이닝 프로그램 구성에 영향을 미치는 요인	182
2) 시즌 중 근력 및 파워 트레이닝 프로그램의 설계	186
2. 주기화 단계별 장주기 웨이트 트레이닝 프로그램	200
1) 전이 단계 웨이트 트레이닝 프로그램	201
2) 기초 컨디셔닝 단계 웨이트 트레이닝 프로그램	203
3) 근력 향상 단계 웨이트 트레이닝 프로그램	204
4) 파워 향상 단계 웨이트 트레이닝 프로그램	206
5) 경기 단계 웨이트 트레이닝 프로그램	207
6) 중주기 웨이트 트레이닝 프로그램	209
3. 2019 폴란드 U-20 월드컵대회 준비 과정의 저항 훈련 프로그램	211
1) 본선 대비 체력 훈련 프로그램의 목표	211
2) 대회 준비 기간의 주기화 트레이닝	212
3) 저항운동 종목과 방법	215

부록 주요 웨이트 트레이닝 운동 종목과 방법

1. 스쿼트(Squat) — 225
2. 칼프 레이즈(Calf raise) — 228
3. 레그 컬(Leg curl) — 230
4. 레그 익스텐션(Leg extension) — 232
5. 데드 리프트(Dead lift) — 234
6. 시트업(Sit-up) — 236
7. 백 익스텐션(Back extension) — 237
8. 파워 클린(Power clean) — 238
9. 파워 스내치(Power snatch) — 241
10. 벤치 프레스(Bench press) — 243
11. 바이셉 컬(Bicep curl) — 245
12. 밀리터리 프레스(Military press) — 247
13. 벤트오버로우(Bent-over row) — 248
14. 바벨 프론트 런지(Barbell front lunge) — 250
15. 덤벨 사이드 런지(Dumbbell side lunge) — 252

참고문헌 — 254

축구선수를 위한 웨이트 트레이닝

Ⅰ 웨이트 트레이닝의 중요성

축구 경기의 승패를 좌우하는 경기력 결정 요인은 크게 체력적·기술적·정신적·전술적 요인으로 나눌 수 있다. 이러한 요인 중에서도 특히 체력적 요인은 세계 축구의 새로운 변화 속에서 그 중요성이 크게 부각되고 있다. 경기 중 선수에게 요구되는 체력적·생리학적 요구 수준을 분석한 연구 결과를 종합해 보면, 축구 경기는 고강도·간헐적 운동으로 하지 각 근의 높은 순발력, 스피드, 그리고 순간적 고강도 운동 후 빠르게 회복하는 능력이 요구된다. 또한 축구선수는 경기 중 달리기 이외에도 태클, 점프, 회전, 방향 전환, 어깨 차징 등 축구의 전문적인 동작을 수행해야 하는데, 이러한 동작에는 상지 및 하지의 강한 근력이 요구된다.

축구선수에게 요구되는 체력 요인을 향상시키기 위해 그동안 다양한 훈련 방법이 연구되어 왔다. 그중에서 웨이트 트레이닝은 근력, 근파워 및 근지구력 등을 향상시키기 위해 무게 저항을 이용하는 트레이닝 방법이다. 웨이트 트레이닝은 선수 개인의 근력 수준에 따라 과학적이고 체계적인 운동 처방을 통해 근력과 파워 등 체력 요인을 향상시키는 것과 함께 경기력 수준의 향상에 목표를 두고 진행되어야 한다. 또한 경기력 향상을 위한 훈련 과정은 과학적 원리에 입각한 훈련 계획에 따라 장기간에 걸쳐 이루어져야 한다.

효과적인 트레이닝 프로그램의 작성과 실행을 위해 고려해야 할 과학적 원리와 주기화 트레이닝의 원리 등을 살펴보면 다음과 같다.

1. 트레이닝의 과학적 원리

트레이닝은 선수들의 개인 능력을 개발하고 경기력을 향상시키는 복합 과정으로, 훈련 또는 연습 등과 같은 의미로 사용되며 인체에 운동 자극을 주고 이에 대한 인체의 단기적·장기적 적응을 통해 인체의 기능과 형태, 운동수행능력을 높은 수준으로 발달시키는 계획적이고 의도적인 과정이다. <그림 1-1>은 우수 선수들의 트레이닝 과정을 나타낸 것이다.

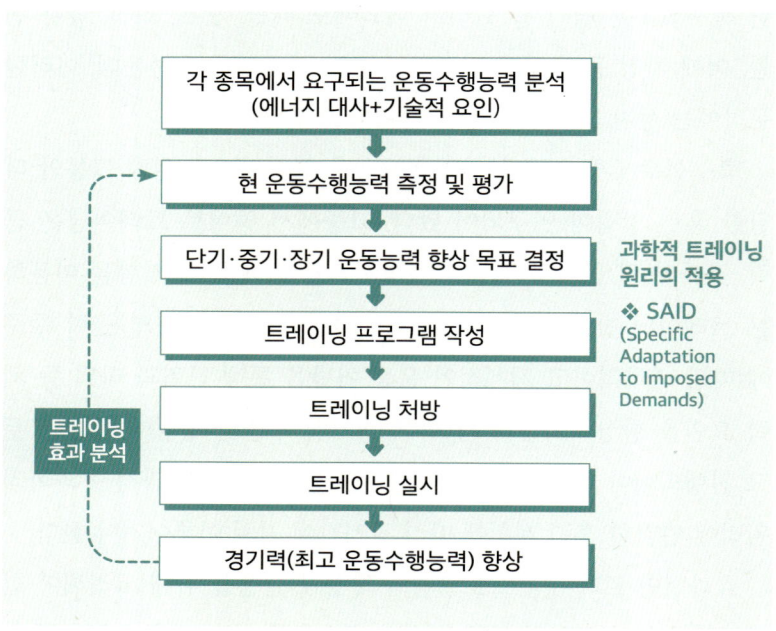

그림 1-1 우수 선수의 트레이닝 과정

트레이닝을 통해 신체 능력과 전술적 변화 능력 등을 향상시키기 위해서는 과학적 트레이닝의 원리를 이해하고 활용해야 한다. 트레이닝의 원리는 특이성의 원리, 과부하의 원리, 점진적 부하 증가의 원리, 다양성의 원리, 가역성의 원리, 개별성의 원리 그리고 연령 적합성의 원리 등으로 세분화할 수 있다.

1) 특이성의 원리

특이성specificity의 원리는 트레이닝 원리 중에서 가장 중요한 것으로, 트레이닝은 반드시 해당 종목의 경기에서 요구되는 운동 형태 및 방법과 연관되어야 한다는 원리이다. 트레이닝에서 실시하는 운동 형태가 특정 스포츠의 경기 수행에 필요한 체력 및 스포츠 기술과 유사하거나 일치될 때 트레이닝 효과가 높기 때문이다. 즉, 트레이닝은 해당하는 각 종목의 동작을 수행할 때 동원되는 근육 수축과 동일한 방법으로 근육 운동이 이루어져야 하며, 해당 종목의 운동 시 동원되는 주요 에너지 시스템이 경기에서 발현되는 것과 동일하게 발달할 수 있어야 한다. 이러한 특이성의 원리는 전문성의 원리라고도 불리는데, 주어진 자극에 따라 특이하게 적응한다는 SAID Specific Adaptation to Imposed Demands 개념의 트레이닝 원리이다.

2) 과부하의 원리

과부하over-load란 일상생활에서 경험하는 자극 이상의 강도를 의미하는 것으로, 트레이닝의 효과를 결정하는 중요 요소 중 하나이다. 과부하의 원리는 신체의 운동 능력을 향상시키기 위한 트레이닝의 강도와 운동량을 선수 자신의 운동 능력보다 높은 수준으로 실시해야 한다는 것으로, 특히 근력·순발력·지구력 등의 체력 요인은 일정 수준 이상의 자극 또는 부하에 의해서만 증가될 수 있다는 원리이다. 지속적인 운동수행능력 향상을 위해서 과부하의 원리는 점진적 부하 증가의 원리와 연결되어야 한다.

3) 점진적 부하 증가의 원리

점진적 부하progressive load란 적정 운동 부하를 일정 기간 및 단계를 거치면서 부과하는 것을 말한다. 점진적 부하 증가의 원리는 트레이닝 자극에 대한 인체의 적응력을 높이기 위해서 운동 강도와 운동량을 점진적으로 증가시키면서 트레이닝을 실시해야 인체 각 기관이 발달하고 운동수행능력이 향상될 수 있다는 운동생리학적 이론에 근거한 트레이닝 원리이다.

4) 다양성의 원리

운동수행능력이 높은 수준에 도달하기 위해서는 많은 시간의 트레이닝과 지속적인 반복이 절대적으로 필요하다. 그러나 이러한 많은 운동량과 트레이닝의 반복은 선수들에게 단조로움과 권태감을 줄 수도 있다. 일단 선수들이 트레이닝에 대해 단조로움 또는 권태를 느끼게 되면 트레이닝의 효과를 기대할 수 없다. 다양성variability의 원리는 이러한 현상을 극복하기 위해 트레이닝을 할 때 운동 형태,

운동 강도, 운동 시간 등에 변화를 주어야 한다는 것이다. 트레이닝 효과를 극대화하기 위해서는 반드시 다양한 프로그램을 개발하고 환경에 적절한 변화를 주어 선수들의 트레이닝에 대한 참여 의욕을 높이고 동기 유발을 할 수 있도록 해야 한다는 것을 지도자는 잊지 말아야 한다.

5) 가역성의 원리

가역성reversibility의 원리란 적절한 트레이닝을 계속 실시하면 운동수행능력이 향상되지만, 트레이닝을 중단하면 운동수행능력이 다시 원래의 수준으로 저하된다는 원리이다. 트레이닝 효과는 트레이닝의 조건과 실행 여부에 따라 변화하는데, 운동 부하를 강하게 또는 약하게 부과하거나 중지하면 트레이닝 효과도 각각 다르게 나타나거나 트레이닝 전 단계로 되돌아갈 수 있다는 것이다. 이처럼 트레이닝은 지속적으로 실행할 때 그 효과를 기대할 수 있다. 한번에 몰아서 훈련을 하고 장기간 중단하는 것보다 꾸준히 트레이닝을 하는 것이 우수 선수의 트레이닝 과정에서 매우 중요하다.

6) 개별성의 원리

개별성individuality의 원리는 선수 개개인의 체력, 기술, 연령, 성, 성격, 발달 단계 등을 고려하여 트레이닝 계획을 작성하고 실시해야 좀 더 바람직한 결과를 얻을 수 있다는 원리이다. 즉, 선수 개인차에 대한 객관적 평가 자료(정기적인 체력 테스트, 경기 및 대회 기록 등)를 토대로 트레이닝 계획과 처방을 하여 선수 개개인이 최고의 운동수행능력에 도달할 수 있도록 도움을 주어야 한다는 것이다. 이와 함께 선수는 한 인격체로서 서로 다른 능력과 특성을 가진 독립된 개인이므로, 트레이닝 과정에서 선수 개인의 능력과 잠재력에 맞춰 트레이닝을 하는 것이 경기력 향상을 위해서도 매우 중요하다.

7) 연령 적합성의 원리

연령 적합성suitability of age의 원리란 경기력을 최대로 발휘할 수 있는 적정 연령대와 체력, 기술, 전술 등 경기력 관련 요인의 적정 발달 시기와 연령을 고려하여 트레이닝을 실시하는 원리이다. 선수의 성장과 발육 상태를 무시하고 트레이닝을 실시하면 운동 능력을 향상시키기보다 오히려 잠재력을 저하시키고 부상까지 당할 수 있다. 따라서 지도자는 스포츠 종목에 대한 트레이닝 유형과 스포츠 기술 및 전술의 난이도를 점검하여 선수의 나이와 성장 단계 등에 적합한지를 과학적 근거를 토대로 판단하여 트레이닝을 실시해야 한다. 그래야만 바람직한 결과를 기대할 수 있다.

2. 주기화 원리와 트레이닝 단계

팀이나 선수들의 잠재적 능력이 단시간에 향상될 수는 없다. 이는 적절한 강도로 일정 기간 이상의 트레이닝을 해야만 가능하다. 그동안 경쟁적인 스포츠의 역사와 함께 트레이닝 방법은 지속적으로 발전해 왔으며, 특히 과학적 연구를 통해 발전된 다양한 주기화 모델이 적용되어 왔다. 우수 선수 육성을 위한 과학적 트레이닝 방법을 관리할 수 있는 주기화 원리는 다음과 같다.

1) 일반 적응 이론과 주기화 모델

인체는 운동 자극에 반응을 하는데, 장기간의 트레이닝과 반응의 결과로 운동 능력이 향상된다. 성공적인 트레이닝 효과를 얻기 위해서는 선수 개인이나 팀의 운동 수행력에 대한 정확한 진단과 처방, 운동 강도와 운동 빈도, 기간 등을 과학적이고 체계적으로 정리한 트레이닝 프로그램이 필요하다.

주기화 트레이닝periodization or cycle training은 선수 및 팀이 원하는 시점에 최고의 경기력을 발휘할 수 있도록 단계별로 트레이닝 계획을 세우고 실행하는 것을 조정하는 모든 방법을 의미한다(남상남 등, 2010). 즉, 운동선수들이 가지고 있는 잠재 능력을 최대한 개발하기 위한 강도 높은 반복적 훈련을 단계별로 가장 과학적이고 효과적으로 조직하고 실행하여 필요한 시점에 최고의 경기력을 발휘할 수 있도록 트레이닝하는 방법이다(그림 1-2).

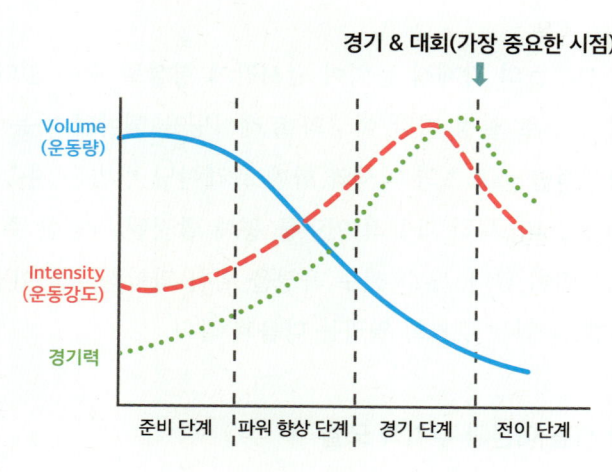

그림 1-2 주기화 트레이닝

1960년대 초 러시아의 생리학자 레오 파블로비치 마트베예프 Leo Pavlovic Matveyev가 주기화 훈련 개념을 정립하였다. 주기화 개념은 트레이닝 목적에 따라 단계적으로 프로그램을 세분화하는 것을 말한다. 우수 선수 육성을 위한 트레이닝은 단기간에 이루어질 수 없다. 수년간에 걸친 트레이닝을 체계적이고 점진적으로 계획하고 실행해야만 경기력 발달과 진전을 이룰 수 있고, 국제적인 경쟁력을 갖춘 우수 선수로 성장할 수 있게 한다.

마트베예프의 주기화 개념은 '스트레스의 아버지'라고 알려진 오스트리아 출신의 캐나다 내분비학자 한스 셀리에 Hans Selye 박사의 일반 적응 이론 GAS: General Adaptation Syndrome에 기초했는데, 이는 훈련 자극에 적응하려는 운동선수의 변화 과정을 트레이닝에 적용한 것이다. 즉 일반 적응 이론은 인간이 스트레스에 적응하는 과정이 경각 단계, 적응 단계, 그리고 과로 단계의 세 과정을 통해 이루어진다는 것이고, GAS 이론은 스트레스와 적응, 피로 등의 관계를 이해하는 주요 생리적 기전을 제공하고 있다(Cunanan et al., 2018).

1단계는 경각 단계 alarm stage로 훈련 자극에 대한 신체의 초기 반응 단계이다. 트레이닝 초기 단계로 운동 자극에 1~2주 동안 근육 통증이나 관절 결림 등이 나타나면서 운동수행능력이 저하되는 단계이다. 신체는 그 이상의 훈련 자극이 오면 거부 반응을 보인다.

만약 훈련 자극이 점진적으로 가해진다면 2단계로 저항 resistance 또는 적응 단계 adaptation stage가 일어난다. 이때 특정한 대사적·근신경학적·역학적·심리학적 적응이 경기력 향상과 함께 나타난다. 적응 단계는 운동 자극에 적응하면서 운동수행능력이 향상되는 단계로, 초과 보상 supercompensation이 이루어지는 단계이다.

세 번째는 과로 exhaustion 또는 과훈련 단계 overtraining stage라 불리는 3단계이다. 운동 자극이 적절치 못하거나 스트레스가 너무 크면 트레이닝이 지루해지고 의욕을 상실하게 되며 생물학적 적응 역치는 초과되어 몸과 마음이 훈련에 적응할 수 없는 상태에 빠지게 된다. 이 단계에서 더 이상 적응하지 못하고 경기력이 하락하는 것은 적절한 회복의 부재와 과도한 훈련으로 인한 중추신경계의 피로 때문에 발생하는 것이다(그림 1-3).

주기화 트레이닝은 과도한 훈련으로 인한 부정적인 트레이닝의

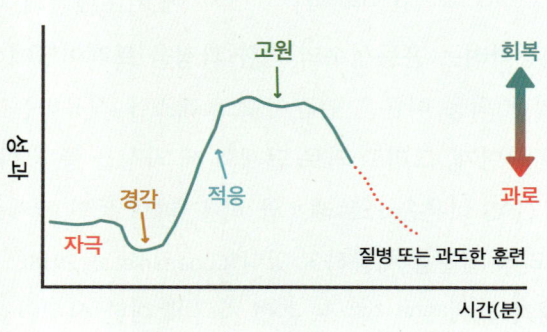

그림 1-3 한스 셀리에의 일반 적응 이론

* 일반 적응 이론(General Adaptation Syndrome : GAS) : 트레이닝 자극에 대한 첫 번째 반응 단계로 운동수행능력 저하가 나타나고, 트레이닝 자극에 생화학적·기술적·심리적으로 적응하여 운동수행능력이 향상되는 과정을 거쳐, 인체의 회복을 고려하지 못한 과도한 자극 또는 단조로움의 반복으로 인해 적절한 적응이 이루어지지 못하는 과로 단계에서는 운동수행능력의 급격한 저하가 나타날 수 있다.

영향을 배제하고 선수들이 가지고 있는 유전적 잠재력을 최대화하기 위해 훈련을 단계별로 계획할 수 있도록 전략적 이점을 제공하고 최대 경기력을 얻는 데 도움을 준다. 주기화 트레이닝은 지도자들이 훈련 목표를 향해 책임을 갖고 실행할 수 있도록 도움을 줄 수 있다. 주기화 트레이닝의 주요 목표는 다음과 같다.

주기화 트레이닝의 주요 목표

① 훈련 자극에 대한 다양성 제공
② 자극 부하의 변화를 통해 장기간의 진전 보장
③ 고강도 훈련 후 회복을 위한 휴식 기간 제공
④ 과훈련과 부정적 영향 예방
⑤ 적절한 시간에 정신적·신체적·정서적으로 정점에 도달할 수 있게 함
⑥ 장기간 높은 수준의 동기 유발 제공

주기화 트레이닝은 운동 강도, 양, 빈도, 기간, 휴식, 변화 및 특수성의 원리 등 트레이닝 관련 요소의 모든 생산적 기초에서 과학적 원리를 활용하여 성공적인 트레이닝 결과를 얻을 수 있게 도움을 줄 수 있다(그림 1-4).

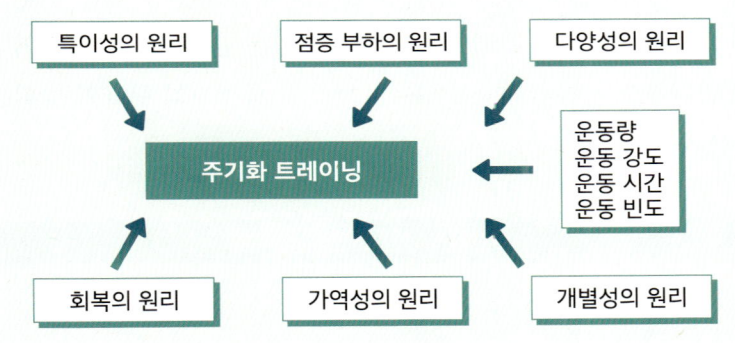

그림 1-4 주기화 트레이닝 원리의 구성

2) 주기화 이론에 따른 트레이닝 단계

경기력 향상이라는 목표 달성을 위해 트레이닝 단계를 일정 기간으로 구분하여 실행한다. 트레이닝 프로그램을 과학적·효과적으로 구성하고 실시하기 위해 연간 혹은 2~3개월 단위의 일정 기간을 기준으로 트레이닝 일정을 세분화할 때 설정되는 기간인 '주기'는 1년 단위의 장주기macrocycle, 2~4개월 단위의 중주기mesocycle, 그리고 1일 또는 일주일 단위의 단주기microcycle로 구분한다.

마트베예프의 주기화 모델

중주기는 트레이닝의 결과로 최고의 경쟁적 경기력을 얻는 데 있어 매우 중요하다. 마트베예프는 초기에는 중주기를 기초 컨디셔닝 단계, 근력 향상 단계, 경기 단계, 전이 단계의 4단계로 구성했으나, 나중에 우수 선수를 위한 5단계 중주기로 발전시켰다. 즉, 컨디셔닝, 근력 향상, 파워 향상, 경기, 전이 단계로 발전시킨 것이다. 각 주기는 최고의 경쟁적 경기력에 도달하도록 하는 단계별로 특징적 역할을 한다(O'Shea, 정성태·전태원·이용수, 1999). 각 중주기의 목표와 범위는 다음과 같다.

주기화 – 연간 훈련의 중주기

① 기초 컨디셔닝 단계
② 근력 향상 단계
③ 파워 향상 단계
④ 경기 단계
⑤ 전이 단계 : 활동적 휴식과 회복 단계

① **기초 컨디셔닝 단계** : 1중주기의 목표는 신체가 앞으로의 강도 높은 운동 경기 형태의 근력과 순발력 훈련에 참여할 수 있도록 준비하는 것이다. 이 주기에서는 저강도로 많은 운동량의 유산소성 운동을 하는 데 초점을 둔다. 지구성 형태의 들기, 사이클링, 달리기, 그리고 일반적인 컨디셔닝 활동을 통해 유산소 능력과 신체 구성에서의 긍정적 변화(체지방 감소)와 제지방체중LBM : Lean Body Mass 증가를 이끌어내는 기간이다.

② 근력 향상 단계 : 2주기 중 폭넓은 기초 근력 획득은 앞으로의 강도 높은 훈련을 위해 요구되는 토대를 마련해 준다. 특히 파워존 power zone (대퇴사두근, 햄스트링, 대둔부, 복부, 비부 등)이라고 불리는 몸 중심 부위의 근력 발달은 운동수행능력과 밀접한 연관이 있어 중점적으로 트레이닝해야 한다.

③ 파워 향상 단계 : 3주기는 거의 최대 부하를 이용하는 매우 강력한 폭발적 형태의 웨이트 트레이닝을 하는 단계이다. 이처럼 높은 강도의 웨이트 트레이닝은 근력과 스피드, 순발력 관점에서 훈련된다. 이 주기 중 스피드 활동(스프린팅)과 플라이오메트릭(점프훈련)은 중요한 역할을 한다. 높은 운동 강도로 트레이닝을 할 때 부상 가능성이 있으므로 회복에 유의해야 한다.

④ 경기 단계 : 4주기는 최대의 근력과 순발력 훈련을 포함한다. 강도(중량)를 더 높이고 운동량은 현저하게 줄인다. 특정 경기에서 최고의 능력을 발휘하고자 한다면 그 경기 3주 전에 4중 주기를 시작해야 한다. 처음 2주는 최대 순발력 훈련에 중점을 둔다. 3주째는 모든 훈련량이 최소한 50% 줄어드는 조절 tapering 과정을 통해 정신적·신체적으로 강력하게 준비된 경쟁 상태에 돌입한다. 농구·축구·하키·야구 등과 같이, 어떤 분명한 정점 없이 오랜 시간 경기가 지속되는 종목을 위해서는 오프시즌 중 발달된 근력과 순발력 수준을 유지하는 것이 중요하다. 이는 1주일에 2회의 웨이트 트레이닝을 한 번은 낮은 강도, 한 번은 중·고강도로 해야 유지될 수 있다. 경기 다음날에는 가벼운 운동으로 빠른 회복을 돕는다.

⑤ 전이 단계(활동적 휴식) : 경기 단계 다음의 활동적 휴식이 매우 중요하다. 활동적 휴식의 목표는 신체적·정서적으로 재충전 되도록, 그와 더불어 새로운 중주기가 시작되기 전에 동기 유발을 다시 하는 것이다. 부상으로부터의 회복과 시즌에 대한 평가 및 다음 시즌의 목표를 세우는 것도 전이 단계에서 이루어져야 한다.

3. 웨이트 트레이닝 운동 방법과 유의점

운동선수를 위한 웨이트 트레이닝의 목표는 근력strength, 순발력power, 유연성flexibility, 민첩성agility 등의 향상을 통해 최고의 경기력 수준에 도달하는 데에 있다. 이러한 웨이트 트레이닝의 목표를 달성하기 위해서는 트레이닝의 원리인 특이성의 원리, 과부하의 원리, 점진적 부하 증가의 원리, 다양성의 원리, 운동 강도·시간·빈도의 원리, 가역성의 원리, 개별성의 원리, 회복의 원리 및 연령별 적합성의 원리 등을 이해하고 그 원리에 충실한 트레이닝을 실시해야 한다. 웨이트 트레이닝의 기본 방법과 유의점은 다음과 같다.

1) 바른 자세와 관절 가동 범위 초과 주의

우수 선수의 웨이트 트레이닝에는 주로 프리 웨이트free weight 방법이 사용된다. 각 웨이트 트레이닝 동작의 기술을 잘 습득하여 올바른 자세로 트레이닝을 하는 것이 중요하다. 올바른 자세와 함께 관절의 가동 범위 내에서 동작을 실행해야 한다. 관절의 가동 범위를 초과할 경우, 뜻하지 않은 부상이 발생할 수 있으므로 관절의 가동 범위를 잘 파악하여 정확한 자세로 운동해야 한다(김기영, 2010).

2) 호흡 방법

웨이트 트레이닝을 할 때 자연스러운 호흡을 통해 근육에 산소를 공급하고 이산화탄소를 배출해야 한다. 동작을 시작하기 전에 숨을 들이마시고, 동작을 시작해 근육을 수축할 때 숨을 내쉰다. 즉, 무게 부하를 들어올려 보다 강한 힘을 낼 때 숨을 내쉬는 것이 웨이트 트레이닝의 자연스러운 호흡 방법이다. 고강도 웨이트 트레이닝 동작을 할 때 강한 힘을 발휘하기 위해 일시적으로 호흡을 멈추는 것이 근력 발현에 도움이 될 수 있으나, 동작 후에는 바로 호흡을 정상적으로 하는 것이 바람직하다.

3) 단축성 수축과 신장성 수축-일정 리듬 유지

부하를 이용한 등장성 웨이트 트레이닝을 할 때는 근육의 단축성 수축concentric contraction과 신장성 수축eccentric contraction이 교대로 이루어진다. 이러한 웨이트 트레이닝 동작을 할 때 주의할 점은 동작 변화 시 반동을 이용하지 않는 것과 무게를 들어 내릴 때 중력에 의해 그냥 내리지 않고 근 수축의 통제된 신장성 수축이 이루어져야 한다는 것이다. 반동을 이용하거나 중력에 의해 바벨이나 덤벨을 그냥 내리는 동작을 하게 되면 웨이트 트레이닝의 효과를 반감시키는 결과를 가져온다.

4) 목표별 웨이트 트레이닝 운동 방법

〈그림 1-5〉는 근지구력, 근비대, 최대 근력 및 파워 향상을 목표로 트레이닝을 실시할 때의 기본적인 웨이트 트레이닝 운동 방법을 나타낸 것이다. 예를 들어 근비대를 목표로 할 경우, 주당 트레이닝 빈도는 3~5회, 운동 종목의 반복 횟수는 8~15회, 세트는 4~6세트를 실시한다. 부하를 들어올리고 내리는 템포 또는 리듬은 단축성 수축과 잠시 멈춤, 그리고 부하를 내리는 신장성 수축을 2:1:2의 템포로 하며 운동하는 것이 가장 효과적인 방법이다.

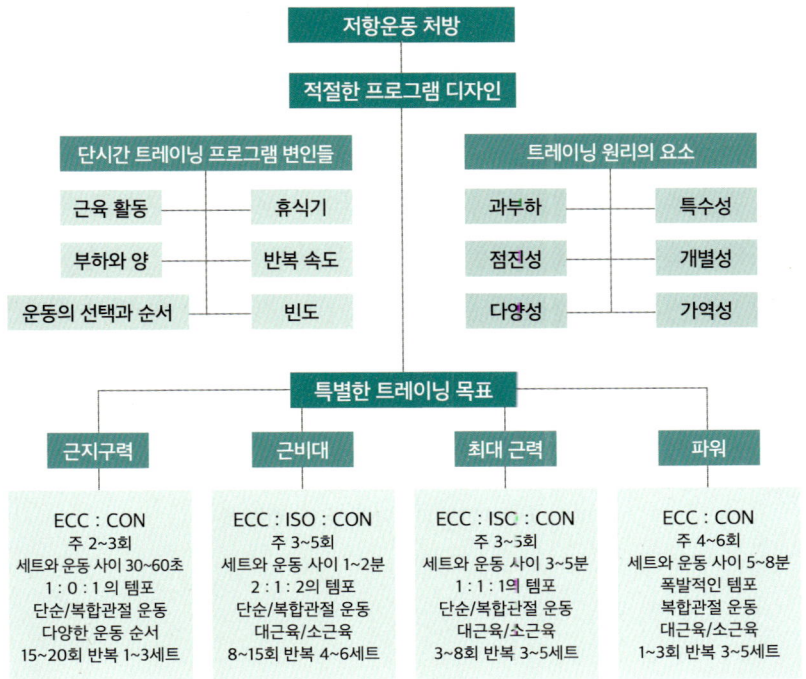

그림 1-5 근지구력·근비대·근력·파워 향상을 위한 웨이트 트레이닝 운동 방법

4. 1RM 최대 근력 측정 방법

근력 트레이닝의 운동 강도는 최대 근력을 측정하여 결정한다. 최대 근력은 수의적 근 수축을 통해 한번에 발휘할 수 있는 최대 근력으로, 1RM one repetition maximum으로 표현한다. 1RM은 웨이트 트레이닝의 운동 강도를 결정하는 데 주로 사용된다. 측정 방법으로는 직접 최대 무게를 측정하는 직접 측정 방법과 최대하의 일정 무게를 사용하여 반복 횟수를 통해 측정하는 간접 측정 방법이 있다.

1) 간접 측정 방법

충분한 준비운동을 한 후 약간 무겁다고 생각하는 무게를 가지고 (7~8회 반복 가능한 무게) 완전한 폼 form을 유지하며 최대로 반복할 수 있을 때까지 계속 실시하여 이때의 운동 부하 W : Weight와 반복 횟수 R를 다음 공식에 대입하여 1RM을 산출한다.

$$W1 = W \times 0.025 \times R \qquad 1RM = W + W1$$

(W1 : 7~8회 반복 가능한 무게, R : 반복 횟수)

2) 직접 측정 방법

1RM 직접 측정 방법은 준비운동 후 각 웨이트 트레이닝 운동 종목을 확실히 들 수 있는 중량부터 시작하여 완벽한 폼으로 2.5kg씩 증가시켜 반복해서 측정한다. 1회씩만 들도록 하고, 적당한 휴식 시간을 측정 중간에 두고 계속해서 시도하여 완벽한 폼으로 1회 반복해서 들 수 있는 무게를 선수 개인의 1RM으로 결정한다. 직접 측정 방법은 반복적인 측정으로 에너지 소모가 크기 때문에 중간에 충분한 휴식 시간을 제공해야 한다(Bompa & Carrera, 2005).

5. 우수 선수의 근력 트레이닝 기본 원칙

일반적인 트레이닝 원리와 함께 우수 선수의 근력 트레이닝 기본 원칙은 선수의 부상을 예방하고 효과적인 트레이닝을 통해 안정적·생리적 적응을 유도하고 근력 향상에 도움을 주어야 한다는 것이다.

1) 제1원칙 : 관절 유연성의 향상

근력 향상을 위한 트레이닝은 최대의 관절 가동 범위 내에서 이루어져야 한다. 관절의 가동 범위, 즉 유연성이 뛰어나면 부상 발생률도 감소하는 것으로 나타났다. 웨이트 트레이닝을 처음 시작하는 초기 단계에서의 유연성 발달은 매우 중요하므로 유연성 발달을 위한 트레이닝과 관절의 최대 가동 범위를 활용하는 웨이트 트레이닝 동작 습득을 위해 노력해야 한다.

2) 제2원칙 : 건·인대의 강화

인대는 뼈와 뼈를 연결하고 관절을 안정시키는 데 기여한다. 이와 달리, 건은 근육과 뼈를 연결하는 결체 조직이다. 건의 주요 기능은 근 수축으로 발생하는 장력을 뼈에 전달하여 그 관절의 운동이 일어나게 하는 것이다. 건과 인대의 적절한 강화 없이 고강도의 근력트레이닝을 실시하면 건과 인대의 손상을 초래할 수 있다. 건과 인대도 트레이닝으로 강화될 수 있다. 건과 인대의 강화는 주기화 트레이닝의 초기 단계인 해부학적 적응 단계에서 이루어지는 것이 바람직하다.

3) 제3원칙 : 중심 근육의 발달

팔다리가 대부분의 경기 기술과 움직임을 만들어내는 주체로 인식되어 있지만, 몸통(중심, core)이 팔다리를 연결하고 있다는 사실을 간과해서는 안 된다. 기둥이 바로 서야 튼튼한 건물을 지을 수 있는 것과 같다. 근력 향상 트레이닝은 상지·하지 부분보다 인체의 중심을 먼저 강화시켜야 한다. 즉, 복직근·배근·장요근·대퇴근·햄스트링·대둔근 등 파워존 power zone 으로 알려진 인체 중심 부위의 근육군을 발달시키기 위한 트레이닝을 해야 한다.

4) 제4원칙 : 안정근의 발달

안정근 stabilizer 은 인체가 운동을 할 때 특정 부분의 지체를 고정시키는 역할을 하며, 주로 등척성 수축을 한다. 안정근이 적절하게 발달되지 않으면 움직임 시 중요한 근육들이 방해를 받게 되고 운동수행능력도 감소된다. 그러므로 안정근을 먼저 발달시킨 후에 각 종목별로 전문적 활동 형태를 고려한 근력 트레이닝을 하는 것이 선수들의 운동수행능력 향상에 보다 효과적이다.

5) 제5원칙 : 다관절 운동 중점 트레이닝

전문성의 원리에 따라 스포츠 종목의 동작이나 활동 형태와 최대한 유사한 근력 트레이닝이 이루어져야 한다. 또한 이러한 동작이나 활동 시에 발휘되는 속도나 파워의 향상을 위해서는 개별적 근육 수축이 이루어지는 운동보다는 다관절 형태의 트레이닝이 이루어져야 한다. 발목관절, 무릎관절, 고관절 등이 관여하는 스쿼트 동작이 대표적인 예가 될 수 있다. 점프, 착지, 방향 전환 시에 발휘되는 다양한 관절에서의 역학적인 힘의 발현이 스쿼트 동작에서 유사하게 트레이닝될 수 있으므로 고립된 부위의 근육 트레이닝보다는 동작으로서 다관절 운동의 트레이닝을 하는 것이 중요하다.

트레이닝 전문화의 원리에 입각하여 축구선수의 움직임과 다음 세 가지 요인이 유사하도록 구성한다. 즉, 움직임의 방향Direction of movement, 힘의 적용Application of force, 근 수축 형태Character of muscular work가 같은 형태의 웨이트 트레이닝 동작으로 되도록 프로그램을 구성해야 한다. 연구 결과에 따르면, 근육군별로 웨이트 트레이닝 운동을 실시하는 방법Muscle group oriented approach system에서 탈피하여 동작 형태별로 웨이트 트레이닝을 실시하는 것Movement oriented approach system이 운동선수들에게 효과적이라는 사실이 밝혀졌다.

6. 유·청소년 선수의 연령대별 체력 트레이닝

1) 유·청소년의 주요 체력 요인 특성

미래의 선수는 유소년 시기의 트레이닝에 의해 결정된다. 어린 선수들을 미래의 스타 플레이어로 만드는 과정은 인내심과 오랜 기간이 필요하다. 기술 학습 과정에서 가장 중요한 유소년 시기에 기술 습득이 이루어질 수 있도록 스피드, 코디네이션, 유연성 같은 체력 훈련을 할 때도 볼을 가지고 훈련해야 한다. 아쉽게도 경기 결과를 위한 팀 전술이나 체력 훈련에 집중한 나머지 기본 기술 훈련이 너무 자주 무시되고 있는 실정이다. 다음 〈표 1-1〉은 연령에 따른 중점 트레이닝 단계를 나타낸 것이다.

현대 축구의 수준 높은 경기에서 요구되는 것은 빠르게 움직이면서 전술적·창의적 경기 운영을 할 수 있는 능력이다. 이처럼 빠르면서도 창의적인 경기 운영 능력을 습득하기 위해서는 기본 기술을 완벽하게 학습해야만 가능하다.

먼저 첫 번째 학습 단계인 10~13세에는 코디네이션을 중심으로 개인 기술을 습득해야 한다. 볼을 가지고 있을 때 자신감을 갖고 경기를 할 수 있을 정도의 볼 컨트롤 기술 습득이 매우 중요하다. 아울러 창의적 사고는 어린 선수들이 즐겁게 볼을 가지고 게임을 해야 나올 수 있기 때문에 길거리 축구, 미니 풋살 경기 등 다양하고 재미있는 환경을 만들어 주는 것이 필요하다.

표 1-1 연령에 따른 중점 트레이닝 단계

연령	단계	성장	훈련 내용	구분
20			최고 수준의 경기력을 위한 훈련	↑ 훈련
19				
18	청년기 2차	성장 종점	경기력을 위한 훈련	
17				
16				
15	사춘기 1차			↑ 훈련진 단계
14				
13	2차 단계 연령	2차 성장 최고점	미래를 위한 선수의 형태를 갖추는 훈련	
12		↑		
11		↓		
10	학교 1차 단계	학습 황금 연령대	기본 훈련	↑ 유소년 축구
9				
8				
7		↓		
6	미취학 단계	1차 성장 최고점	입문	
5		↑		
4	아동기	↓		
3		황금 연령대	발견	
2				
1	유아기			

15~16세 선수들에게는 시간적·공간적 압박 상황에서 전술적 사고를 빠르게 하고 실행하는 훈련이 뒤따라야 한다. 16세 이후에는 실제 경기의 강도 높은 기술 및 전술적 움직임에 대한 학습도 진행해야 하고, 포지션별 특징적인 세부 훈련도 병행해야 한다. 축구는 심폐지구력을 포함해 유연성, 스피드, 순발력, 코디네이션 등 다양한 체력 요인이 반드시 요구되는데, 이것들은 팀의 승패를 결정짓는 주요 요인이다(Impellizzeri et al., 2008). 유소년 시기에는 유연성, 스피드, 민첩성 및 코디네이션이 발달하는 시기이므로 이러한 체력 요인의 트레이닝이 중점적으로 이루어져야 한다.

관절의 가동 범위ROM : Range of Motion로 정의되는 유연성은 근골격계의 손상 위험을 줄여 준다. 유연성이 부족할 경우, 근력 감소로 축구 경기에서 승패의 결정적인 역할을 하는 슈팅, 킥, 점프, 스프린트 및 태클 등의 움직임에서 폭발적인 순발력을 발휘하는 데 부정적 영향을 미친다는 보고가 있다(이재홍, 2011).

유연성이 잘 발달하는 시기인 6세에서 12세까지 유연성 향상을 위해 정적 스트레칭과 역동적 형태의 스트레칭을 병행해야 한다. 준비운동과 정리운동의 방법으로 유연성 운동을 연결하여 습관화하는 것이 바람직하다.

스피드는 짧은 거리를 가능한 한 빠른 시간에 이동하는 능력이다. 축구는 달리기 동작이 큰 비중을 차지하지만, 규칙적인 속도가 아니라 불규칙적이고 급하게 가속이나 감속이 이루어지는 특성이 있어 스피드와 함께 높은 순발력이 요구된다. 스피드는 현대 축구에서 중요한 요소로, 9~13세 때 10~20m 짧은 거리를 최고 스피드로 달리는 것을 반복하는 방법으로 훈련한다. 코디네이션, 점프, 풋워크, 방향 전환과 최고 속도의 드리블 훈련 등은 스피드 향상에 도움을 준다. 기술 훈련이 스피드 훈련과 함께 병행될 때 실제 경기에서의 전술적 사고와 신체적 스피드를 연결하여 빠르게 창의적 전술 운영을 할 수 있다. 스피드 트레이닝을 할 때에는 회복 시간을 충분히 주어야 그 효과를 기대할 수 있다.

민첩성agility은 근력과 스피드의 협응력이 필요한 체력 요인으로 몸의 위치와 방향을 빠르고 정확하게 변화시킬 수 있는 능력이다. 축구는 지속적인 방향 전환을 빠르게 할 수 있어야 하는 종목이므로 민첩성은 축구선수에게 매우 중요한 체력 요인이며, 균형 감각·하체 근력과 높은 상관 관계가 있는 것으로 보고되었다(박은경 외, 2009).

평형성balance은 몸의 중심을 잃지 않도록 조정하는 능력을 의미하며, 축구라는 종목의 특성상 불규칙 바운드, 몸싸움 등의 여러 불안정한 상황에서 균형을 잃지 않거나 또는 균형을 잃고 넘어지는 상황에서도 정확한 패스 또는 슈팅을 할 수 있어야 한다. 평형성의 유지는 시각, 전정기관 감각, 고유 수용기 감각의 상호 작용으로 이루어지며, 균형 유지 능력은 하체 및 몸통의 주요 근 기능이 함께 발달되어야 향상될 수 있다.

코디네이션coordination: 협응력은 두 가지 이상의 과제를 종합해서 수행해 내는 능력으로, 볼을 가지고 한 발로 컨트롤하고 중심을 세워야 하는 축구의 기술적 수행에 매우 중요하다. 6세에서 8세 사이에 발달하고, 9세부터 12세 사이에 안정화되기 시작한다. 11세에서

14세에 성장이 최고조에 다다를 때 팔다리가 길어지는데, 신체 균형과 신경 시스템이 발달하지 못하게 되면 코디네이션이 문제가 될 수도 있다. 따라서 이 연령대에 코디네이션 훈련을 일주일에 최소 2회 이상 스피드와 풋워크 등 훈련과 함께 반드시 실시해야 한다. 재능이 있고 기술적으로 뛰어난 선수들은 보통 선수들보다 좋은 코디네이션 능력을 갖고 있다. 이러한 이유로 유소년 시절의 코디네이션 트레이닝이 반드시 필요하다.

인체 중심부의 코어 core 근력은 폭발적인 순발력 발휘에 도움을 주므로, 신체 균형을 위해 코어 트레이닝이 필요하다. 김남정(2014)은 빠른 드리블, 점프 헤딩, 볼 경합, 급격한 방향 전환 등의 움직임이 요구되는 축구에서 코어 근력이 매우 중요하며, 척추와 골반 등의 균형적인 움직임에도 중심 역할을 한다고 보고하였다.

또한 90분간의 경기를 위해 지구력과 회복 능력은 축구선수에게 반드시 필요한 체력 요인이다. 14~15세부터 유산소 에너지 동원 능력 향상을 위해 점차 강도를 높여 가며 실시한다. 좁은 공간에서의 3대3, 4대4, 5대5 형태의 스몰 사이드 게임 SSG: Small Sided Game은 유산소 또는 무산소 에너지 동원 능력 향상에 효과적이다.

근력 운동의 경우, 12~14세 시기에는 선수 자신의 몸무게 또는 동료 선수와 2인1조 형태의 서키트 웨이트 트레이닝을 활용하는 것도 바람직하다. 본격적인 웨이트 트레이닝은 제2차 성징이 나타나는 16세 정도에 시작하는 것이 효과적이다. 아직 근육, 관절 및 인대가 완전히 발달하지 않은 상태이므로 웨이트 트레이닝 부하 강도를 알맞게 조절한다.

2) 유·청소년 선수의 체격 및 체력의 발달

축구선수들은 유소년·청소년 시기를 거치며 성장한다. 따라서 우수 선수로서의 축구 재능은 유소년·청소년 시기의 심리적 발달, 사회적 경험 및 체력의 발달과 트레이닝의 영향을 받는다. 유소년과 청소년을 지도하는 지도자들은 선수들의 성장 과정과 각 체력 요인의 발달에 대한 이해를 바탕으로 선수들이 즐겁게 훈련하고 성장할 수 있도록 도움을 주어야 한다.

청소년기 체력 요인의 발달은 각종 스포츠 경기 종목의 경기력과 밀접한 관계가 있다. 특히 축구 경기는 고강도·간헐적·비연속적 동작이 요구되는 스포츠이므로 스피드·민첩성·순발력·지구력 등의 체력 요인이 매우 중요하다.

축구선수의 경기력은 크게 체력적 요인, 전술적 요인, 기술적 요인, 심리적 요인으로 나눌 수 있다(이용수·황보관·김용래, 2013). 이 네 가지 요인은 적절한 트레이닝과 원활한 상호작용을 통해 선수 개인의 경기력 향상은 물론, 팀 경기력 향상에도 영향을 미친다.

그중에서도 체력적 요인은 축구 경기력에서 가장 우선시해야 하는 필수 요소로 인식되고 있다(Reily et al., 2000). 또한 청소년 우수 선수의 체격적 요인과 체력의 유전적 요인은 선수의 경기력 수준이나 포지션 전문화로 이어진다(Stroyer et al., 2004).

이러한 체력 요소들은 트레이닝으로 향상될 수 있다. 일부 체력 요인은 유소년·청소년 시기에 급격히 발달하는 적정 연령, 또는 시기가 있어 발달 단계에 맞는 개인적이고 과학적인 트레이닝 처방이 반드시 필요하다. 유소년·청소년 선수들을 단지 성인의 축소판으로 보아서는 안 되며, 성인 트레이닝 프로그램을 유소년·청소년 트레이닝에 그대로 적용해서도 안 된다.

아쉽게도 초·중·고등학교 성장기에 있는 축구선수들의 트레이닝 방법들은 경기 결과만을 고려하여 성적 위주로 이루어지고 있어 적절한 연령에 따른 체격 및 체력의 발육과 발달에 대한 스포츠 과학적 지식과 경험이 활용되지 못하고 있는 실정이다.

유소년 축구선수를 대상으로 운동 능력과 하지 정렬의 Q각, 발목 관절의 가동 범위 등을 비교한 연구(서상원·이호성, 2017) 결과에 따르면 일반 유소년과 비교해 유소년 축구선수들이 부정적 결과를 얻은 것으로 나타났다. Q각은 무릎 관절의 각도 변형을 측정하는 데 가장 표준화된 지표로, 하지 손상 예측을 위해 주로 사용된다(Lee et al., 2014). 서상원·이호성(2017)의 연구 결과에 따르면, 유소년 축구선수의 Q각이 일반 유소년보다 높게 나타났다. 파워스(Powers, 2003)는 Q각의 변화는 하지 정렬 및 대퇴 사두근의 불균형을 일으켜 대퇴 부위의 통증을 유발한다고 보고하였다. 또한 발목 관절의 가동 범위가 일반 유소년과 비교해 유소년 축구선수들이 좁게 나타났다고 보고하였다. 하성희 등(2014)은 축구 경기 및 훈련에서의 방향 전환, 점프, 회전 동작과 롱킥, 슈팅 등과 같이 발목과 슬관절에 힘이 작용하는 동작의 반복이 여자 축구선수 하지의 불균형을 초래한다고 주장하였다. 이는 유소년 시절부터 경기 결과 위주의 과도한 훈련 때문인 것으로 판단되며, 성장기의 부상이나 불균형은 장래 우수 선수로 성장할 수 있는 가능성을 낮추는 위험 요인으로 작용한다.

유·청소년 선수의 신장, 근육량, 최대산소섭취량의 변화

일반적으로 6~12세 유소년 시기에는 일 년에 키가 약 4~8cm 큰다. 사춘기가 되면 성장이 빠르게 진행되어 일 년에 약 8~15cm 성장한다. <그림 1-6>은 남녀 신장 성장의 연 단위 변화를 나타낸 것이다. 남녀 모두 매년 5cm 정도 지속적으로 성장하다가 키가 갑자기 크는데, 이 시기를 '발육 급등기'라 하고, 가장 많이 자랄 때를 '최고 신장 성장 속도PHV : Peak Height Velocity'라고 한다. 이 시기는 남성에 비해 여성이 2년 정도 빠르게 나타난다. 발육 급등기는 개인별로 차이가 있으며, 1~2년 정도 지속된다. 발육 급등기 이후 연 단위의 신장 성장은 점차 감소하고 여성은 약 16세, 남성은 약 18세 전후에 정체 단계로 들어선다.

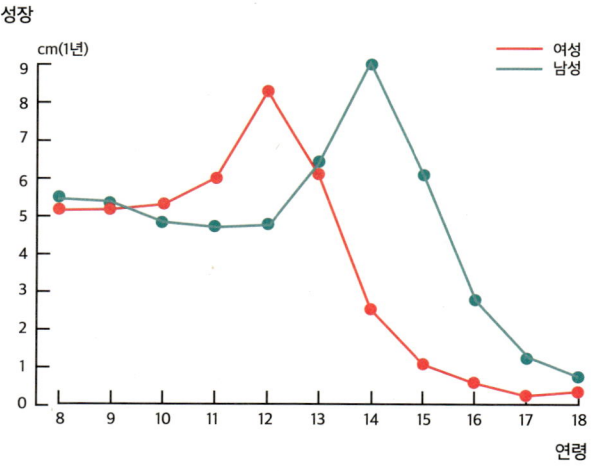

그림 1-6 유·청소년 시기의 연 단위 신장 성장의 변화(Bangsbo, 2007)

성장기 유소년 선수들은 키가 자라는 것과 같이 신체가 빠르게 변하기 때문에 협응 동작에 어려움을 겪게 된다. 이전에 쉽게 할 수 있었던 간단한 운동 동작도 발육 급등 시기에는 어려움을 겪는다. 특히 남성의 경우, 키가 크게 성장하여 여성보다 더 어려움을 겪는다.

어색함awkwardness은 청소년기에 나타나는 일반적인 현상이다(Bangsbo, 2007). 이러한 변화를 극복하고 국제적 경쟁력을 갖춘 우수 선수로 성장하기 위해서는 코디네이션 향상과 신체 균형 및 유연성 향상을 위한 운동을 기본 기술 훈련과 함께 병행해야 한다.

유소년은 성장함에 따라 근육량도 증가한다. 사춘기 전까지 남녀 근육량은 비슷하게 증가하지만, 사춘기에는 남성이 여성에 비해 상대적으로 많은 테스토스테론 호르몬이 분비되어 근육이 더 많이 생성된다. 남성의 경우, 17세가 되면 10세에 비해 근육량이 2배 가까이 증가한다. 이후에도 남성은 체중에 비례해 근육 비율이 계속 높아져 성인이 되면 체중의 40% 정도에 이른다. 이와 달리 여성은 사춘기에 근육량의 변화가 그다지 크지 않다(그림 1-7).

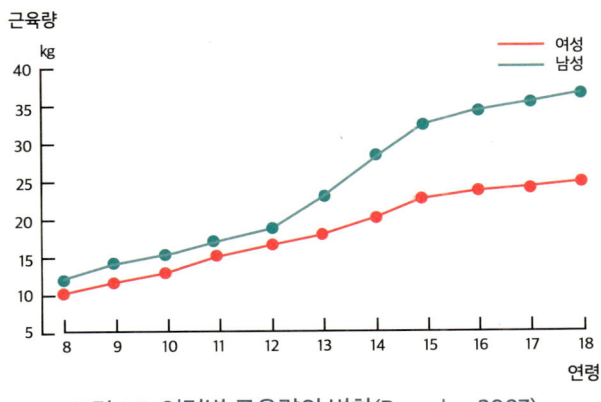

그림 1-7 연령별 근육량의 변화(Bangsbo, 2007)

최대산소섭취량maximal oxygen uptake은 사춘기 전까지는 연령의 증가와 함께 남녀 모두 비슷하게 증가한다(그림 1-8). 남성의 경우, 사춘기 동안에 최대산소섭취량이 급속도로 증가하는 데 반해, 여성은 조금 증가한다. 이러한 남녀 차이는 혈액에서 산소 운반 기능을 하고 있는 헤모글로빈이 남성의 경우 더 많이 증가하기 때문이다(Bangsbo, 2000). 축구선수의 최대산소섭취량은 지구성 운동 능력과 절대적 관계가 있으므로 중요한 지표로 활용된다.

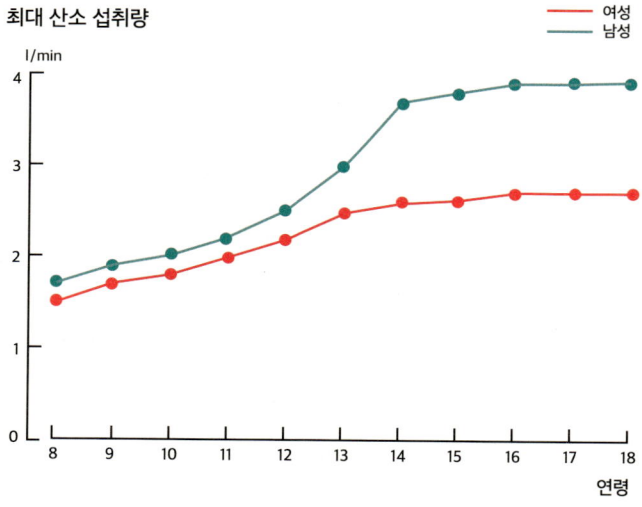

그림 1-8 연령별 최대산소섭취량의 변화(Bangsbo, 2007)

유·청소년 축구선수의 성장 단계별 체력 트레이닝

우수한 선수가 되기 위해서는 "1만 시간의 노력이 필요하다"고 이야기한다. 하루에 세 시간씩 훈련한다고 해도 10년이 걸린다. 이는 단기적 시야의 결과 위주의 훈련만으로는 경쟁력을 갖춘 선수로 성장하기 어렵다는 것을 의미하며, 선수들의 성장 단계와 체력 발달, 기본 기술 습득은 물론 전술적 인지도를 포함한 체계적 훈련 과정의 필요성을 강조하는 것이기도 하다. 특히 현대 축구에서 스피드·민첩성 등의 중요성이 갈수록 높아지면서 선수 육성에서도 성장 단계별 체력 요인의 과학적 트레이닝에 대한 관심이 커지고 있다.

프로구단의 선수 육성은 일반적으로 연령별로 나누어 진행되지만, 선수 성장의 연속성에 따른 개인적 발달이 더 중요하고 개인적 능력에 따라서는 월반이 가능한 구조 안에서 이루어진다. 선수 육성의 연속성에 따른 5단계를 살펴보면 다음과 같다.

표 1-2 유·청소년 선수 육성 모델의 5단계

연령	0~3	4	5	6	7	8	9	10	11	12	13	14	15	16	17	18
		1단계			2단계			3단계			4단계			5단계		
연령 그룹		U4~U6			U7~U9			U10~U12			U13~U15			U16~U19		
축구 훈련 기간 (개발)		2년±			2년±			2년±			2년±			2년±		
연간 코칭 시간		40~90시간			100~120시간			150~320시간			150~320시간			150~540시간		

연령	0-3	4	5	6	7	8	9	10	11	12	13	14	15	16	17	18
	1단계			2단계			3단계			4단계			5단계			
중점 육성	사회성			기술			기술			기술			전술			
	피지컬			사회성			사회성			전술			심리			
	기술			피지컬			전술			피지컬			기술			
	심리			전술			피지컬			심리			피지컬			
	전술			심리			심리			사회성			사회성			
전문적 훈련	포지션 없음			공격과 수비			전문적 포지션			그룹과 유닛			팀 전체			
세션당 선수 숫자	12			12~15			12~18			12~18			18~22			
세션 시간	30~45분			45~60분			60~90분			75~90분			75~90분			
훈련과 게임 비율	훈련만 진행			4:1			3:1			3:1			2:1			
훈련 구성	1v1~3v3			1v1~5v5			1v1~8v8			4v4~11v11			4v4~11v11			
게임 구성	훈련만 진행			3v3~5v5			5v5~8v8			7v7~11v11			11v11			
선수 평가 빈도	1년에 한 번			1년에 2번			1년에 3~4번			1년에 3~4번			1년에 4번 이상			

출처 : NSCAA, 2014

    유·청소년 축구선수의 육성에서 지도자의 역할은 매우 중요하다. 지도자는 적절한 내용과 올바른 교육 방법으로 선수들을 성장시켜야 하며, 페어플레이 등 바람직한 인격 형성에도 도움을 줄 수 있어야 한다. 또한 유소년 선수들은 발달 정도에 따라 같은 연령대라도 체력이나 체격의 차이가 있을 수 있다. 일반적으로 1~4월에 태어난 유소년들이 연말에 출생한 유소년보다 10~13세 시절에 체력적으로 우위에 있는 경우가 많은데, 이는 유소년 선수 육성에도 크게 영향을 미친다. 지도자들은 유소년 성장 발달에 대한 과학적 지식으로 5~6년 후의 유소년 선수의 미래 모습을 그려 볼 수 있어야 한다.

유소년 축구선수 육성에서 중요한 개념은 '유소년 선수 중심적' 학습이다. 각 연령별 발달 단계에 맞춰 선수의 능력과 흥미 등을 고려한 학습이 진행되어야 한다. '유소년 선수 중심적' 훈련은 선수들을 생각하고 질문하게 만드는 것이 중요하다. 질문을 통해 문제 해결 기회를 얻게 되며, 선수들이 다양한 기술, 전술적 과정을 찾고 탐구하여 스스로 도전하게 만들 수 있다.

유·청소년 성장 단계별 트레이닝

축구공을 처음 대하는 아동기에서 성인팀에 이르는 청년기에 이르기까지, 선수들은 성장의 연속성에 따라 개인적 발달이 지속적으로 이루어진다. 선수 육성의 연속성에 따른 단계별 트레이닝의 주요 내용을 살펴본다.

① 1단계 : 유아기(3~5세)

이 시기에는 되도록 볼과 함께 모든 동작을 진행하는 것이 중요하다. 또한 앞뒤로 달리기, 옆으로 달리기, 점핑, 터닝 등의 기본 동작을 습득하는 것이 필요하다.

- 1주일에 1회 이상 연습 시간을 활용하여 볼을 가지고 하는 기본 기술과 움직이는 활동을 한다.
- 달리기, 점핑, 터닝 등이 익숙해질 수 있도록 반복한다.

- 기본 운동 능력을 개발하고 기본 기술을 간단한 게임에 적용한다.
- 쉽게 피로하고 빠르게 회복할 수 있지만 집중할 수 있는 시간은 15~20분 정도이다.
- 남자와 여자 유소년이 같은 능력을 가지고 운동할 수 있다.
- 볼과 함께 신체 균형을 유지하는 능력을 습득하는 시기이다.

1단계 주요 코칭 포인트

1. 기본 동작 기술의 주안점 : 러닝, 점핑, 건너뛰기, 던지기 등
2. 드리블 기술과 볼과의 친숙함에 집중 : 선수당 볼 1개
3. 간단하지만 즐겁고, 대근육을 사용할 수 있는 다양한 방법으로 진행
4. 근육, 뼈와 몸의 대사 시스템에 지나친 스트레스를 주지 않는 활동을 선택
5. 짧은 시간에 완성할 수 있는 활동 포함(5~10분), 집중할 수 있는 시간이 짧은 것을 고려
6. 기술적인 정보를 이름, 캐릭터, 이야기 등을 사용해 흥미롭게 진행
7. 시도와 실수를 장려하고 지시의 빈도를 최소화
8. 난이도를 올리기 위해 장비와 기구들을 사용하며 다양한 세션을 지속적으로 개발(예 : 허들, 후프, 사다리, 오자미 등)
9. 용기를 북돋아줌
10. 모든 세션에 '게임과 경기'를 포함 : 경기 하는 날을 따로 나눌 필요 없음
11. 선수를 특정 포지션에 배치하지 않음(예 : 풀백, 포워드 또는 골키퍼)
12. 노력을 계속 강화하고 끊임없이 선수들을 칭찬함

② 2단계 : 아동기 (6~8세)

아동기는 기술 습득이 중요한 단계이다. 유연성 훈련의 최적기이며, 시각·손·발 등의 협응력 coordination 이 향상되는 시기로 미니 게임과 팀워크 활동을 실행하는 단계이다.

- 성장은 느리지만 코디네이션과 신체 조정 능력은 빠르게 향상된다.
- 기술 습득이 매우 중요하다.
- 시각·손·발 등의 조정 능력이 향상된다.
- 키와 몸무게의 꾸준한 증가가 나타난다.
- 청각 발달에 따른 균형 감각이 향상된다.

2단계 주요 코칭 포인트

1. 기본 동작 기술의 지속적인 반복 : 러닝, 점핑, 건너뛰기, 던지기 등
2. 드리블 기술과 볼과의 친숙함에 집중 : 선수당 볼 1개
3. 파트너 또는 다같이 협동하는 활동 진행
4. 선수들의 이해를 돕기 위해 시범과 질문을 활용
5. 연습 시간에는 선수들의 적극적인 활동성을 요구
6. 시도와 실수를 장려하고 지시를 최소화
7. 난이도를 올리기 위해 장비와 기구들을 사용하지만 흥미 있는 세션을 지속적으로 만듦(예 : 허들, 후프, 사다리, 오자미 등)
8. 경쟁적인 게임을 포함시키지만, 단순한 승리보다는 성공을 강조(예 : 노력).
9. 용기를 북돋아 줌
10. 모든 세션에 '게임과 경기'를 포함
11. 미니게임(2 vs 2부터 4 vs 4)을 소개 : 훈련 끝에 게임을 진행. 이 단계에서는 게임을 위해 연습을 축소하지 않음
12. 모든 선수는 볼을 받기 위한 기본적 골키핑 기술을 배움(예 : 잡기, 던지기, 다이빙 등)
13. 게임의 기본 규칙을 가르침(예 : 볼이 밖으로 나갔을 때 다시 시작하는 법 등).
14. 패싱 기술을 가르칠 수 있음
15. 선수를 특정 포지션에 배치하지 않음(예 : 풀백, 포워드 또는 골키퍼)

③ 3단계 : 소년기 / 이른 사춘기(9~11세)

청소년기의 전 단계로, 기본 기술을 숙달하고 보다 복잡한 기술 도입을 위해 중요한 시기이다. 여자아이들이 남자아이들보다 신체적으로 빠르게 성장하는 시기이기도 하다. 신경계의 발달로 기술 동작이 완성되어 가는 때이므로 개인 기술 향상에 중점을 둔다.

- 신경계의 기능이 향상된다.
- 유산소 에너지 시스템이 발달하는 시기이다.
- 전정기관의 발달로 평형감각이 발달하는 시기이다.
- 먼저 성장한 남자 선수들은 늦게 성장하는 남자 선수들보다 체격 및 체력적 우위가 나타날 수 있다.

3단계 주요 코칭 포인트

1. 경기 결과에 대한 지나친 경쟁은 3단계에서 습득해야 할 축구 기본 기술을 습득하지 못하게 되므로, 모든 훈련에서 기술의 향상이 중점이 되어야 한다.
2. 스피드와 코디네이션 훈련을 포함시킨다.
3. 일찍 성장한 선수는 그들의 신체적 장점과 스피드를 이용하여 다른 선수들을 압도할 수 있다. 그러나 선수들에 대한 평가는 게임에 대한 이해와 기술의 실행을 포함한 다양한 방법에 기초해야 한다.
4. 모든 훈련에서는 기술적 향상이 가장 큰 초점이 되어야 하고, 집에서 또는 개인적으로 '프리스타일'이나 리프팅 같은 기술 훈련이 개별적으로 이루어질 수 있도록 장려한다.
5. 신경 경로의 발달을 위해 올바른 기술 습득에 초점을 맞춘다.
6. 훈련은 반드시 미니게임으로 발전되어야 한다. 중립 선수를 두고 진행하는 2 vs 1과 3 vs 2 게임은 전술 도입의 시작으로 매우 좋은 방법이다.
7. 훈련과 게임 중에 발휘되는 창의성을 격려하고 보상한다.
8. 다양한 학습 스타일에 따라 가르치며, 여러 가지 코칭 방법을 사용한다.
9. 노력을 칭찬하고 보상하며, 많은 성공 기회를 제공한다.
10. 몸을 사리지 않는 적극적 신체 플레이를 하는 선수들을 격려한다.

④ 4단계 : 청소년기 / 늦은 사춘기(12~14세)

급격히 성장하는 시기로 여자 선수들은 초대 성장점을 보이는 단계이고, 남자 선수들에 비해 2년 정도 앞선 성장을 보인다. 여자 선수들은 근력 운동을 시작할 수 있는 최적의 시기이고, 남자 선수들은 개인 기술의 발달과 스피드 훈련의 중요한 단계로 유산소 에너지 동원 능력이 향상되는 시기이다.

- 키와 몸무게가 늘어나고, 근육량이 크게 발달하는 단계이다.
- 하체가 상체보다 빠르게 성장하여 길고 마른 외형을 갖게 된다.
- 여성과 남성 호르몬 수준이 높아지며 여성과 남성의 특징이 나타난다.
- 유연성이 감소한다.
- 신경계의 발달이 거의 완성된다.
- 적혈구 생산의 증가로 유산소 에너지 동원 능력이 향상된다.

4단계 주요 코칭 포인트

1. 좋은 기본 기술을 습득하고 4단계에 진입하는 선수는 빠르게 발전할 수 있다.
2. 전술적 팀 플레이와 고급 기술을 습득하는 단계이다.
3. 여러 포지션에서 다양한 플레이를 하는 방법을 경험하도록 해야 하는 시기이다.
4. 팀 빌딩Team building 기회, 공격과 수비 전략을 선수들과 의논하여 전술적 이해를 높인다.
5. 유연성이 감소하는 시기이므로 유연성 향상을 위한 노력을 기울여야 한다.
6. 신경계의 완성적 발달로 고급 기술을 정확히 사용할 수 있어야 한다.
7. 정신 훈련(Mental Training)을 통해 전술·전략에 대한 이해와 이미지 트레이닝을 경험하도록 한다.
8. 스피드와 코디네이션 훈련을 중심적으로 실시하며, 여자 선수들의 경우 최대 성장점을 지난 직후부터 근력 운동을 시작한다.

⑤ 5단계 : 청소년기 – 늦은 사춘기/이른 성년기(15~18세)

남자 선수들은 대부분 이 시기에 최대 성장점에 올라선다. 키가 커지고 근육량이 증가하며 근력이 발달해 유능하고 경쟁력 있는 선수로 성장하는 단계이다. 팀 전술 훈련이 트레이닝의 주요 부분이 되고, 수비·미드필드·공격 등 부분 전술 훈련도 병행하는 시기이다. 각 포지션의 특성에 따른 체력 훈련이 실시되는 시기로, 남자 선수들은 본격적으로 근력 운동을 도입하고 무산소 파워, 유산소 파워 운동을 점진적으로 실시해야 한다.

- 신체 성장에 따라 향상된 체력과 신체 조정 능력을 발휘하는 단계이다.
- 복잡한 고급 기술과 효율적인 움직임이 가능하다.
- 여자 선수들은 5단계 시작 시점에서 완성되고, 남자 선수들은 16~17세 전후에 최고로 성장한다.
- 스피드 훈련을 본격적 근력 운동과 병행해 실시한다.
- 유산소 에너지 동원 능력과 무산소 에너지 동원 능력이 최대로 성장하는 단계이다.

5단계 주요 코칭 포인트

1. 최대 성장점이 끝난 1년 후에서 1년 정도가 스피드 향상을 위한 최적의 시기이다.
2. 본격적인 근력 운동을 실시한다.
3. 유산소 능력을 크게 향상시킬 수 있는 단계이다.
4. 훈련과 경기 상황에서 최선을 다해 경쟁하는 것을 습관화한다.
5. 수준 높은 경기(A매치, EPL 경기 등)를 관전하는 것은 고급 전술과 전략에 대한 이해를 돕는다.
6. 영양 섭취, 회복 방법, 수분 섭취에 대한 이론적 교육을 병행한다.
7. 각자 개인의 전문적 포지션 역할을 일정하게 수행하도록 한다.
8. 개인보다는 팀으로서의 도전과 경쟁을 습득하도록 한다.
9. 늦게 성장하는 선수들의 가능성도 생각하는 지도자가 되어야 한다.

성장 단계별 체력 요인의 적정 트레이닝 시기

유·청소년 선수는 작은 성인이 아니다. 유소년 시절에는 전문적인 훈련에 성인과 같은 반응을 기대하기 어렵다. 그러므로 너무 일찍 축구 전문 활동이나 체력 훈련에 노출시켜서는 안 된다. 유·청소년 축구선수 트레이닝에서 가장 중요한 핵심 원리는 초기 단계의 트레이닝은 성장 단계와 연령별 발달 단계의 트레이닝 모델에 따라야 한다는 것이다. 이러한 트레이닝 모델은 트레이닝 프로그램의 동기에 따라 각각 특별한 목표를 가지고 언제, 그리고 어떻게 훈련할 것인가를 명확히 해야 한다.

규칙적이고 다양한 트레이닝은 유소년 선수들의 운동수행능력을 다르게 만들 수 있다. 유소년 시기에는 스피드나 유연성 향상이 심폐지구력 향상보다 효과적으로 나타난다. 적정 훈련 시기 trainability란 유·청소년 축구선수들이 성장함에 따라 연령대별 최대로 발달하는 체력 요인이 시기별로 차이가 있기 때문에 이를 고려하여 트레이닝을 계획하고 실행해야 한다는 것을 의미한다(그림 1-9 참조).

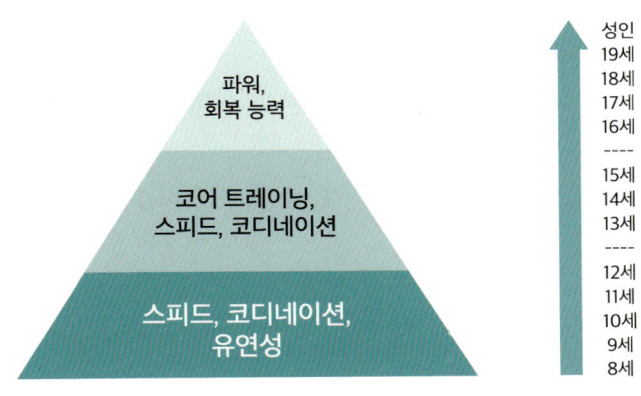

그림 1-9 연령대별 적절한 피지컬 트레이닝 실행 모형

〈그림 1-10〉은 5세부터 18세 전후 기간에 스피드(보폭과 보속의 발달), 유연성, 기초 기술, 근력, 유산소 및 무산소 지구력 등 체력 요인의 적정 발달 단계를 나타낸 것이다. 이는 연령대별 최고 성장 곡선에 따른 체력 요인별 트레이닝의 적정한 시기가 있음을 의미한다. 스트래턴과 동료 연구자들(Stratton et al., 2004)은 엘리트 유소년 축구선수 육성에 있어 스피드의 중요성을 강조했는데, 특히 스피드 트레이닝의 적정 트레이닝 시기를 조절하여 단계별로 트레이닝을 해야만 효과적인 성과를 거둘 수 있다고 보고하였다.

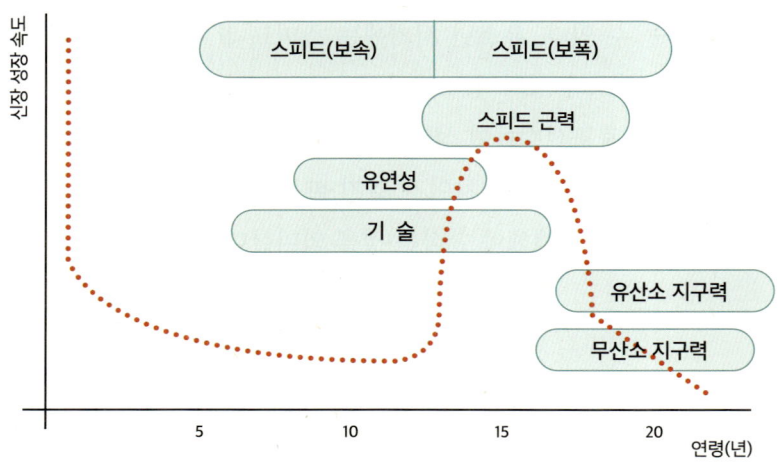

그림 1-10 연령대별 성장 곡선에 따른 체력 요인별 적정 시기의 중요성

유·청소년 체력 트레이닝을 할 때 고려해야 할 주요 사항을 요약하면 다음과 같다.

① 신체적 성장 속도와 각 체력 요인의 적정 발달 시기를 고려한 트레이닝이 이루어져야 한다.
② 유소년은 축구를 시작할 때부터 사춘기가 시작되기 전까지 지속적이고 균형적인 발전을 이루어야 한다.
③ 유·청소년 축구선수는 같은 훈련을 통해서도 다양한 효과가 나타날 수 있으며, 운동수행능력의 차이가 있을 수 있다.
④ 최대한 모든 트레이닝은 볼을 이용한 형태로 이루어져야 한다.
⑤ 성숙기 이전 선수들의 트레이닝은 체력(지구력) 훈련에 중점을 두기보다는 스피드, 코디네이션, 유연성과 축구 기본 기술 훈련에 초점을 맞춘다.
⑥ 8~12세까지는 유연성, 코디네이션, 스피드 향상을 위한 훈련과 기본 기술 훈련을 중점적으로 실시한다. 기술 훈련을 실시할 때도 10세 이전에는 발목 관절이나 무릎 관절에 무리를 주는 롱킥이나 슈팅은 되도록 제한한다.
⑦ 13세 이전에는 경기 결과를 내기 위한 지구력 훈련이 국제적 경쟁력을 갖추는 데 필요한 스피드, 유연성 및 코디네이션 능력 발달에 제한적 요인이 된다는 것을 고려하여 무리한 지구력 훈련을 하지 않도록 한다.
⑧ 사춘기가 끝나면 선수들은 유산소 트레이닝, 근력 트레이닝을 시작한다.

⑨ 13~14세에는 스피드, 코디네이션 트레이닝을 하면서 인체 중심부 강화를 위한 코어 트레이닝을 중점적으로 실시하고, 15세 (중학교 3학년) 정도부터 유산소 에너지 동원 능력 향상 트레이닝을 실시한다.
⑩ 사춘기 이후에 선수들은 근력 트레이닝과 근 지구력 향상 트레이닝을 실시할 수 있다.
⑪ 16세 이후에는 근력 향상을 위한 웨이트 트레이닝을 본격적으로 실시한다. 웨이트 트레이닝은 남자의 제2차 성징이 나타날 때부터 하는 것이 효과적이다.
⑫ 17~18세에는 무산소 지구력과 함께 유산소 지구력 등 성인 축구 선수로서 필요한 체력적 준비를 해야 하는 단계이므로 강도 높은 훈련을 과학적인 방법으로 계획대로 실행해야 한다.
⑬ 트레이닝과 함께 회복을 위해 적절한 영양 섭취와 휴식을 제공한다.
⑭ 일반적으로 주말 리그 이후 휴식 시간을 하루 정도 제공하고 있으나 전체적으로 훈련량이나 경기, 연습경기 일정으로 회복할 시간이 충분치 않으므로 주중 1회 정도는 선수 스스로 자신에게 필요한 훈련을 자발적으로 하는 '자유 훈련일 제도'를 활용하는 것이 바람직하다.
⑮ 국제적 경쟁력을 갖춘 선수로 육성하기 위해서는 단기간의 경기 결과를 얻기 위한 소모적 트레이닝보다 8~10년 정도의 장기적 관점의 단계별 성장 속도에 맞춘 트레이닝이 이루어져야 한다.

3) EPL 프로구단의 우수 선수 육성 정책과 방향

유소년 아카데미 운영

세계적 수준의 프로구단에서 유·청소년 축구선수 육성은 풋볼 아카데미football academy를 통해 이루어진다. 최근 축구선수의 몸값이 천문학적 금액으로 치솟으면서 각 구단마다 프로구단 자체 육성 선수에 대한 관심이 높아지고 있으며, 이는 유소년 아카데미에 대한 투자로 이어지고 있다.

유소년 아카데미는 장기적으로 축구선수를 육성하는 데 핵심적인 역할을 한다. 성장 발달 단계에 적합한 트레이닝 프로그램을 제공하고, 부상 예방 및 재활을 위한 다양한 서비스를 제공하여 경쟁력을 갖춘 선수를 기를 수 있기 때문이다. 영국의 경우, EPL 리그 협회의 규정에 따라 모든 클럽의 팀은 기초 과정(foundation phase : 9~12세), 유소년 과정(youth development phase : 12~16세), 프로 과정(professional level phase : 16~21세) 세 연령별 과정으로 구분하여 운영하고 있다.

〈그림 1-11〉은 축구 아카데미의 다섯 핵심 부서를, 〈그림 1-12〉는 이러한 다섯 핵심 부서의 상호작용에 의한 선수 육성 과정을 나타낸 것이다. 특히 스포츠 과학 및 의학Sports Science & Medicine 부서는 전체적으로 1군 선수 육성이라는 구단의 목표를 위해 운영된다. 유소년 선수 육성을 위해 장기적인 구조의 접근 방법을 제시할 뿐만 아니라, 각 개인의 필요와 여건에 부합하여 최고의 능력을 발휘할 수 있는 체력 향상을 목표로 프로그램이 진행된다.

그림 1-11 축구 아카데미의 부서 구조

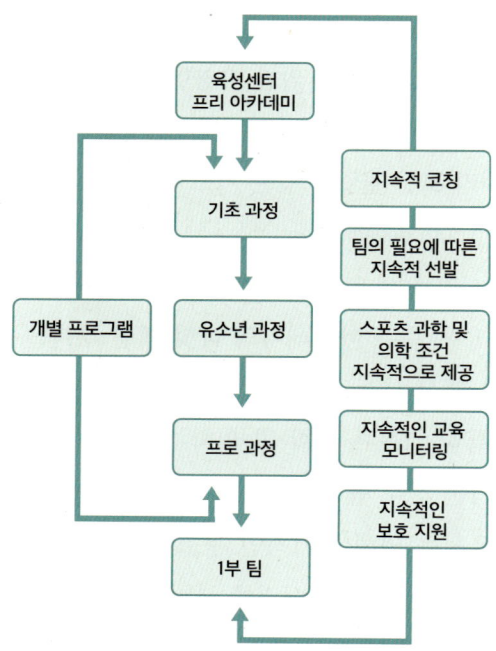

그림 1-12 축구 아카데미의 다섯 부서 간 상호 작용

아스날Arsenal 구단은 2013년부터 축구 지도자, 체력 컨디셔닝 코치, 영양사, 의사, 심리학자, 그리고 아카데미 매니저 등 전문가의 의견을 모아 전문적이고 특성화된 체력 향상 프레임 워크the physical development framework를 만들어 활용하고 있다(Ryan et al., 2018). 이 프레임워크는 선수들이 각 단계의 주요 역량을 갖추고 가능한 한 빠르고 효율적으로 다음 단계로 성장할 수 있도록 목표 지향적 방식이 적용된다. 〈그림 1-13〉과 같이, 프레임워크는 다음 네 가지 핵심 기반으로 구성되어 있다.

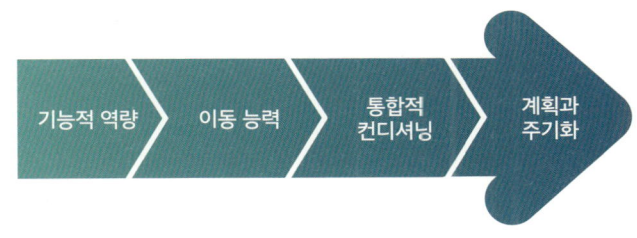

그림 1-13 아스날 아카데미의 유소년 선수 신체 훈련 접근 방식

① 기능적 역량

프레임워크의 첫 번째 핵심 요소는 기능적 역량functional competence이다. 기능적 역량은 모든 연령의 선수들에게 적용되며, 전체 프로그램 구성의 시작점이다. 기능적 역량은 자기 수용성, 기동성, 그리고 안정성과 관련된 기능적 미숙함을 파악하기 위한 운동수행 능력 평가의 범주에서 근육의 유연성, 힘의 불균형 및 일반적인 이동 패턴의 숙련도를 평가하는 데 참고한다.

11개월의 시즌 기준으로, 1년간 아카데미 선수들은 모두 네 번의 평가를 받는다(프리시즌 시작과 끝, 중간 시즌 그리고 시즌 마무리). 선수의 기능성 역량과 테크닉이 적정 수준에 이르면, 해당 선수가 더 많은 요구 사항에도 대응할 수 있다는 확신을 가지고 좀 더 고난도의 훈련 방법(예: 근력과 힘)으로 변경한다. 프레임워크에는 선수들이 적정 수준에 이르기 위해 숙달해야 하는 20개의 운동 및 움직임 스크린이 있다. 여기에는 일부 기능성 움직임 스크린과 스쿼트 같은 주요 운동들이 포함되어 있다. U9에서부터 U11 연령의 선수들은 주로 기능성 역량, 기초적인 이동 능력, 그리고 다양한 스포츠를 경험하는 데 중점을 둔다.

② 이동 능력

프레임워크 내 해당 단계에서는 축구장 내에서의 선수의 비효율적인 움직임을 평가, 훈련, 그리고 교정하는 데 중점을 둔다. 기능적 역량과 기초적인 이동 능력의 차이점은 가속이나 점프와 같은 기초적인 움직임보다 기동력 있고 안정적인 움직임과 운동 역량에 중점을 두고 있다는 것이다. 이것이 바로 선수들이 보다 고난도의 스피드 및 파워 훈련을 시작하기 전에 움직임이 성숙한 단계에 이르러야 하는 이유이다.

이동 능력movement skills이란 기초적인 이동 능력과 신체 활용 능력을 말한다. 기초적인 이동 능력은 걷기, 뛰기, 점프, 던지기, 받기, 차기 그리고 균형 잡기 등의 기본적인 움직임을 가리킨다. 그리고 신체 활용 능력이란 선수가 알맞은 방법과 그것을 자신 있게 적용할 수 있는 역량을 가지고 자신의 신체와 운동 능력, 그리고 목표를 제어할 수 있는 능력을 말한다.

기초적인 이동 능력의 성공적인 발전은 보호받고 즐거운 환경에서 정확한 이동 패턴을 숙달하는 것과 이후에 좀 더 복잡한 스포츠의 움직임을 안전하고 효과적으로 수행할 수 있기 위해서 매우 중요하다. 선수가 적절한 단계의 움직임 기술을 숙달하게 되면, 해당 선수는 좀 더 고난도의 스피드 및 파워 운동을 할 수 있다. 선수가 프레임워크의 다음 단계로 진입했다고 하더라도 다시 뒤처지는 일이 발생하지 않도록 기능적 역량을 포함한 이동 능력을 지속해서 모니터링해야 한다.

③ 통합적 컨디셔닝

프레임워크의 세 번째 요소는 통합적 컨디셔닝integrated conditioning이다. 통합적 컨디셔닝은 신체 훈련 계획을 축구 맞춤형으로 반영하는 것을 의미한다. 프로구단은 고급 기술을 구사하는 선수 양성을 요구하기 때문에 축구 코치진과 기술감독들은 체력적 목표를 만족시키면서도 최대한 축구 훈련과 경기에 특별히 요구되는 컨디션 조절 훈련을 진행해야 한다고 생각한다. 이는 경기와 밀접한 관계가 있는 활동을 통해 선수의 지구력과 체력적 컨디션 조절이 이루어져야 한다는 뜻이다. 또한 해당 훈련은 가능한 한 축구 코치나 코치진에 의해 이루어지고, 이상 징후와 과로 등을 면밀하게 모니터링해야 한다는 것을 의미한다.

이 단계는 일반적으로 선수들이 프로 아카데미(U18 이상)에 진입했을 때 집중해서 진행되며, 어린 나이의 선수들에게는 초기 전문화를 피하기 위해 강조하지 않는다. 개인별 체력 훈련 계획PPIPs : Physical Personal Improvement Plans은 기술감독과 축구 코치진의 지도 아래 개별 선수의 신체적 단점 극복을 목표로 정규 축구 훈련 세션 이후에 이루어진다. 개인별 체력 훈련 계획과 연관된 추가 훈련과 경기는 개별 선수의 필요에 따라 면밀하게 모니터링되고 실시된다.

④ 계획과 주기화

프레임워크의 마지막 단계는 선수 프로그램의 계획과 훈련 주기화planning & periodization이다. 이 단계에서는 선수가 적절한 단계에 있고 잘 적응하고 있다는 것을 확인하기 위해 모니터링과 함께 선수 활동에 대한 훈련 주기화 계획이 중요하다.

지속적이고 효율적인 훈련에서 가장 중요한 것은 적절한 운동 강도와 회복 시간을 알아내는 것이다. 모든 트레이닝의 훈련량은 모니터링되며, 선수들이 주어진 훈련 강도에 어떻게 적응하고 있는지를 확인하기 위해 훈련 준비도를 계산한다. 이를 위해 객관적이고 주관적인 측정 방식의 조합을 사용한다. 객관적 평가를 위해 훈련이나 경기 중 달리는 총거리나 최고 속도 등을 GPS 시스템Global Positioning System 장비를 활용하여 측정한다. 또한 선수 개인별 강도를 평가하기 위해서 심박수나 운동 자각도RPE : Rating of Perceived Exertion 수치를 측정하고 활용한다.

U16 이상의 팀에게는 3주간의 고강도 훈련 및 1주간의 저강도 훈련 패턴을 적용한다. 일반적인 한 주에는 선수들이 더 잘 적응할

수 있도록 중요한 훈련 변수들의 강도를 높게 조절하는 컨디션 조절일을 하루 포함한다. 다른 훈련일에는 주로 기술 또는 전술적 훈련과 경기 전후 운동 강도를 낮추는 테이퍼링tapering을 진행한다.

⑤ 신체 훈련 프레임워크의 선수 개별 적용

프레임워크는 선수 개개인의 성숙 정도와 심리적인 면을 모두 고려하여 적용한다.

⑥ 성숙

프레임워크의 각 단계는 주로 실제 연령(예로 U9, U12, U17)과 관계 있지만, 선수 개인의 성숙도 또한 중요한 고려사항이다. 어린 선수의 신체적 역량은 성숙도에 따라 다양한데, 이런 성숙도를 평가하여 그에 적합한 프로그램을 적용해야 한다.

생물학적 성숙도는 몸무게(kg)와 키(cm), 그리고 부모님의 키(cm) 등 종합적인 수치를 측정하여 평가한다. 예측된 생물학적 성숙도는, 측정된 시점에서 성인 시점의 예상 신장의 퍼센트를 활용해 z-score로 표기한다. 소년들은 성인 시점의 예측 신장의 89% 이하일 때 사춘기 전 급성장growth spurt으로, 89~95%일 때 사춘기 중 급성장으로, 그리고 95% 이상일 때 사춘기 후 급성장으로 분류한다.

예를 들어 사춘기 전 급성장 단계의 유소년 축구선수로 평가했다면, 해당 선수는 사춘기 후 청년 단계의 성숙한 선수들만큼 근력 훈련에 완전히 적응할 만한 신체적 역량을 가지고 있지 않을 것이다. 하지만 해당 선수는 대부분 신경 기제를 통해 운동 능력을 발전시킬 역량과 이런 운동 능력을 통해 힘을 표출할 능력을 얻을 수 있을 수 있을 것이다. 초기 단계의 핵심은 최대 근력을 발전시키기보다는 연습을 통해 이동 능력을 배우는 것이다.

또한 생물학적으로 더 성숙한 선수들은 선수 훈련 프로그램에서 더 적극적으로 발전할 수 있다. 같은 맥락에서 예상되는 성인 신장의 92%에 가까워진 선수들은 본인의 최정점의 속도를 낼 것으로 예상된다. 이러한 평가를 받게 되면, 근력 및 컨디셔닝 코치들과 물리치료사들은 선수들이 사춘기를 겪어내는 데 도움을 줄 수 있도록 면밀하게 모니터링하고 지도할 수 있다. 선수가 이런 단계의 징후를 보인다면 훈련 강도를 줄이고 교정 및 맞춤 훈련을 늘린다.

⑦ 개인적 발달 및 심리

세계적인 선수를 육성할 때는 스스로 최고의 인물이 되도록 양성하려는 목표를 활용해야 한다. 유뱅크(Eubank, 2016)가 강조한 것처럼, 높은 수행 능력의 스포츠는 성취와 결과, 성공에 지나치게 사로잡혀 있어 치열하고 불확실하며, 도전적인 현실로 가득 차 있다. 이런 문화적 현실은 선수들이 지나치게 소진되도록 만들 수 있으며, 본인의 정체성을 너무 좁게 제한함으로써 삶의 정상적인 발전을 저해하거나, 정체감 유실(foreclosed identities: 자신의 정체성을 주변 환경 등에 의해 성급하게 판단하거나, 다른 성인들의 정체성을 자기 자신의 것으로 판단하는 것)을 일으킬 수 있다. 이렇게 운동선수들이 본인의 정체성을 운동 수행 역할에만 한정하게 되면 심리적·사회적 발전을 저해해 건강 및 행복의 상실을 가져올 수 있다.

아스날 아카데미의 경우, 아카데미 내부적으로 선수 훈련 프로그램은 선수들에게 다양한 기회를 제공하도록 운영된다. 개인 훈련(학습 방식과 개인 선호도), 퍼포먼스 심리(압박 시의 퍼포먼스 및 호흡법), 생활 기술(금융 및 요리 기술) 그리고 선수 보호(건강과 행복, 축구 이후의 삶) 등이 포함된다. 선수 양성 프로그램은 U9에서부터 U23, 그리고 1군 팀까지 엘리트 선수의 진로 내내 지원과 배움의 기회를 끊임없이 제공하는 것을 목표로 하고 있다. 프로그램에 연관된 선수들이 엘리트 축구에서 요구되는 요소들과, 한 인간으로서 개인의 성취감과 미래에 대한 열망을 함께 성공적으로 연합하고 관리할 수 있도록 끊임없이 노력하여 그들의 잠재력을 실현하도록 하는 것이 궁극적 목표가 될 것이다.

⑧ 경기 스피드 기반의 스피드 및 민첩성 향상 트레이닝의 중요성

스피드와 민첩성은 축구에서 매우 유용한 체력 요인이다. 하지만 스피드와 민첩성 그 자체보다는 그런 기량들을 경기 중에 어떻게 활용하는지가 중요하다. 스피드와 민첩성은 경기를 효과적으로 풀어 나가는 데 절대적으로 중요하지만, 경기 상황이나 전술적 상황과 연결되지 않으면 의미가 없기 때문이다.

일반적으로 스피드와 민첩성은 운동 수행을 하는 데 걸리는 시간이 짧을수록 우수한 능력으로 보는 방식으로 훈련되며, 시간을 측정하는 방식으로 평가한다(Jeffreys, 2016). 그러나 이러한 평가 방법은 축구 경기 상황의 기술적·전술적 운영 능력을 측정하지는 못한다.

따라서 스피드와 민첩성을 '경기 속도 관점gamespeed focused'에서

접근하는 방식은 순수한 스피드와 민첩성에 대한 정의가 아닌 경기와 관련된 스포츠의 움직임 특성과 연관된 수행력을 반영하는 기술의 훈련을 가능하게 한다(Jeffreys et al., 2018).

7. 청소년 저항 훈련 가이드라인

기존의 연구들은 청소년 근력 트레이닝의 안전 또는 효율에 대한 우려를 나타내지만, 최근 여러 연구와 임상 실험에서 청소년 근력 트레이닝은 적절한 훈련 가이드라인과 감독 하에서 시행되었다는 가정 아래 청소년의 건강 및 신체 발달에 도움이 된다는 결과가 나왔다. 운동 능력과 관련된 장점 이외에도 저항 훈련의 효과는 뼈, 체성분 body composition과 부상 예방에도 좋은 효과를 나타냈다. 나이에 맞는 근력 트레이닝 가이드라인을 따른다면 대부분의 청소년에게 이러한 장점이 적용된다.

안전하고 효과적이며 즐거운 청소년 근력 트레이닝 프로그램을 개발하고 관리하기 위한 필수 조건은 트레이닝 원칙을 준수하고 이해하며, 청소년의 신체적·심리적 특이점을 존중하는 것이다. 웨이트룸 예절에 대한 기본 지식, 올바른 운동 기술, 개인의 목표와 현실적인 결과물 또한 청소년 근력 트레이닝 프로그램의 일부이다.

모든 참여자는 무게를 바에 고정시키는 고리 collar의 올바른 사용법, 적절한 보조 과정, 운동 장비의 올바른 보관법, 바벨, 덤벨과 플레이트의 올바른 관리 등을 포함한 안전 교육을 받아야 한다. 유소년들은 또한 서로 경쟁하는 것보다는 자기 발전에 힘쓰고, 자신의 운동 능력(예를 들어 다관절 웨이트 운동을 올바르게 할 수 있는 능력)에 성취감을 느낄 수 있도록 장려해야 한다.

적절하고 열정적인 지도는 안전과 즐거움을 증진시킬 뿐만 아니라, 직접적인 청소년 근력 트레이닝 프로그램 지도를 통해 프로그램을 더욱 견고히 하고 체력 증진을 최적화할 수 있다. 이를 위해 청소년이 이해할 수 있는 수준의 언어와 태도에 대한 정보를 제공해야 하며, 실력을 발휘하고 긴장감을 줄일 수 있는 분위기를 조성할 수 있도록 긍정적인 격려의 피드백을 해주어야 한다.

　모든 청소년 근력 트레이닝 프로그램은 올바른 리프팅 기술, 안전 교육, 단계적 진행에 대한 정확한 트레이닝 처방이 포함되어야 한다. 근력 트레이닝을 하는 것만으로 체력과 파워를 최적으로 끌어올릴 수 있다는 보장이 없기 때문에, 시간이 지남에 따라 운동량과 강도가 변화하는 단계적 컨디셔닝 프로그램과 함께 근력 트레이닝 프로그램을 결합하는 것이 가장 이상적이다. 특히 유소년과 청소년을 '작은' 성인으로 취급해서는 안 되며, 유소년과 청소년에게 어른을 위한 운동 가이드라인과 훈련 철학을 적용해서도 안 된다.

　효과적인 청소년 근력 트레이닝 프로그램 설계를 위해서는 준비운동과 정리운동, 운동 종목의 선택과 순서, 트레이닝 강도와 트레이닝의 양, 휴식 간격, 반복 속도 및 트레이닝 빈도 등을 고려해야 한다.

　다음은 청소년 근력 저항 트레이닝의 기본 가이드라인을 나타낸 것이다.

일반적인 유소년 저항 훈련 가이드라인

- 적절한 지도와 감독을 제공한다.
- 안전하고 위험하지 않은 운동 환경을 보장한다.
- 5~10분 내의 동적 준비운동으로 매 훈련 세션을 시작한다.
- 상대적으로 가벼운 운동량부터 시작하고, 항상 정확한 운동 기술을 수행하는 데에 초점을 맞춘다.
- 상체와 하체의 체력 운동을 다양하게 섞어 6~15회 반복하는 1~3세트로 운동을 구성한다.
- 복근과 배근을 강화하는 운동도 포함시킨다.
- 대칭적인 근육의 발달과 관절 주위 근육의 균형에 초점을 맞춘다.
- 상체와 하체의 힘 운동을 다양하게 섞어 3~6회 반복하는 1~3세트로 운동을 구성한다.
- 필요, 목표와 능력에 따라 훈련 프로그램의 단계를 알맞게 조절한다.
- 체력이 강화됨에 따라 저항도 점진적으로(5~10%) 증가시킨다.
- 저강도 맨손체조(calisthenics)와 정적 스트레칭으로 정리운동을 진행한다.
- 매 세션마다 개인의 요구와 우려에 귀기울인다.
- 연속되지 않은 주기로 일주일에 2~3번 저항 훈련을 실시한다.
- 과정을 모니터링하기 위해 각 개인의 훈련 일지를 작성하여 활용한다.
- 훈련 프로그램의 체계적인 변형을 통해 늘 새롭고 도전적인 프로그램을 구성한다.
- 충분한 영양 섭취, 수분 공급과 수면 시간 확보를 통해 최적의 운동 수행 능력과 회복을 확보한다.

출처 : Faigenbaum et al., 2009

1) 준비운동과 정리운동

2000년 초, 오랜 시간 옳다고 받아들여졌던 준비warm-up운동의 정적 스트레칭static stretching에 대해 의문이 제기되었다. 정적 스트레칭이 성인의 근력 및 파워 발휘에 부정적인 영향을 미친다고 보고되었고(Shrier, 2004), 청소년에게서도 유사한 결과가 발견되었다는 것이다(McNeal & Sand, 2003; Zakas et al., 2006).

또한 몸의 중심 온도를 높이고, 활성화되는 운동 단위를 증가시키며, 운동 감각의 인식을 개선하고 움직임의 범위를 극대화하기 위해 고안된 운동(예 : 뛰기, 점프와 상체 및 하체를 움직이는 운동)을 준비운동 과정에 포함시키는 데에 많은 관심을 보이고 있다. 이러한 움직임이 많은 준비운동은 신경근 기능을 증진시켜 근력 트레이닝을 수행하기 위한 가장 최적의 환경을 조성할 수 있게 한다(Robbins, 2005). 이처럼 보통 수준에서 고강도의 활동적인 운동을 포함시킨 준비운동 과정이 유소년의 파워를 증진시키는 데 효과적인 것으로 밝혀졌다.

운동 능력 증진에 도움이 되는 정적 스트레칭 준비운동을 지지하는 과학적 증거가 충분하지 않은 상황에서, 활발한 움직임이 포함된 준비운동이 무산소 운동에 미치는 잠재적 영향도 고려해야 한다. 생리학적 이점에 더해, 잘 고안된 동적 준비운동은 트레이닝 세션의 분위기를 활발하게 하고 다른 활동에 대한 기대감도 형성할 수 있다. 동적 움직임은 준비운동 과정 중 5~10분 정도 수행하는 것을 권장하며, 저강도 맨손체조와 정적 스트레칭은 마지막에 하는 것을 권장한다.

맨손체조와 정적 스트레칭으로 구성된 정리운동cool-down은 몸을 안정시키고 유연성을 개선하는 데 도움이 된다. 규칙적·장기적 스트레칭(준비운동 중에 시행하는 것이 아닌)은 운동 능력을 개선하고 부상의 위험성도 줄일 수 있다. 정리운동을 소홀히 여기는 경향이 있는데, 다음 트레이닝 준비를 위해서 정리운동을 하는 것이 바람직하다.

2) 운동의 선택과 순서

근력 향상을 위한 운동이 많이 있지만, 청소년의 신체 조건과 체력 조건, 운동 기술에 대한 경험 등을 고려하여 적절한 운동을 선택하는 것이 중요하다. 또한 근육이 관절 및 그 반대에 위치한 근육과 균형(예를 들면, 대퇴사두근과 햄스트링)을 이루도록 할 수 있는 운동을 선택해야 한다. 프리웨이트, 밴드, 메디신 볼과 웨이트 기구를 활용하는 머신 트레이닝 등은 학교 교육과정에서의 운동 프로그램으로 청소년에게 활용할 수 있다. 간단한 운동부터 시작해 자신감과 실력이 붙을수록 더 높은 단계의 다관절 운동으로 단계를 순차적으로 올리는 것이 바람직하다.

그러나 운동의 목적이 움직임의 기본 패턴을 익히는 경우라면 가벼운 무게의 다관절 운동으로 시작하는 것이 더 나을 수도 있다. 운동 방법과 상관없이, 모든 근력 운동의 단축성 및 신장성 수축 단계는 올바른 운동 기술과 통제된 방법으로 수행해야 한다.

근력 트레이닝 세션에서 운동의 순서를 구성하는 방법에는 여러 가지가 있다. 대부분의 청소년은 주요 근육을 각 세션마다 활용하는 여러 운동 세트를 일주일에 몇 번씩 수행할 것이다. 이러한 운동에서는 더 작은 근육을 활용하는 운동 이전에 좀 더 큰 근육을 자극하는 운동을 해야 하며, 하나의 관절을 움직이는 운동을 하기 전에 다관절 운동을 해야 한다. 또한 신경근 체계가 덜 피로할 때인 운동 초반부에 좀 더 어려운 운동을 하는 것이 좋다.

그러므로 청소년들이 웨이트리프팅이나 플라이오메트릭 운동을 배우는 중이라면 큰 피로감 없이 운동을 하고 연습할 수 있도록 이러한 운동을 트레이닝 세션 초반에 해야 한다.

3) 트레이닝 강도와 양

일반적으로 트레이닝 강도는 특정 운동을 하는 데 사용되는 저항의 정도를, 트레이닝의 양은 1회 트레이닝 세션에서 실시한 운동량의 총합을 일컫는다. 프로그램을 구성하는 이 두 가지 요소 모두 결정적이긴 하지만, 근력 트레이닝 프로그램을 구성할 때에는 트레이닝 강도가 더 우선시되는 요소이다.

그러나 근력과 파워를 최대화하고 부상 위험을 줄이기 위해서 유소년은 우선 정확한 자세와 가벼운 무게(가벼운 바벨)로 운동하는 방법부터 배운 후에, 점진적으로 훈련 강도와 훈련량, 혹은 둘 다 늘려 나가는 것이 바람직하다. 이때 더 무거운 무게를 들기 위해서 운동 기술을 정확히 습득해야 한다.

1RM 테스트를 하지 않는 경우에는, 우선 반복 횟수의 범위를 정해 두고 시행해 나가며 수정하여 감당할 수 있을 정도의 최대 운

동량과 그에 따른 범위를 정하는 식으로 하는 것도 하나의 방법이다. 예를 들어, 유소년들은 올바른 운동 기술을 익히기 위한 목적으로 상대적으로 가볍거나 보통인 운동량 수준에서 10~15회 반복의 한 세트 혹은 두 세트로 저항 훈련을 시작할 수 있다. 개개인의 필요, 목적과 능력에 따라 트레이닝 프로그램은 큰 근육 운동부터 근력을 최대화할 수 있도록 운동량을 더 늘린(6RM에서 10RM) 세트를 추가하여 단계적으로 구성할 수 있다. 유소년에 대한 서로 다른 저항 훈련 프로그램의 효과를 자세히 알기 위해서는 훈련에 대한 연구가 더 필요하나, 성인의 경우 한 세트의 훈련 세션보다 여러 세트로 구성된 훈련이 더 효과적이라는 사실이 밝혀졌다(Kraemer et al., 2002). 따라서 장기적으로는 유소년과 성인에게 모두 비슷한 결과가 나타날 것으로 판단된다.

이때 세트와 반복 횟수가 적절하게 구성된 트레이닝 프로그램이 더 좋은 효과를 가져올 것이다. 그러나 모든 운동에 대해서 동일한 세트와 반복 횟수를 적용해야 하는 것은 아니다. 예를 들어, 근력 트레이닝 경험이 있는 청소년은 다관절 운동(예: 백스쿼트와 벤치프레스)을 강도 높게 6~8회 반복하는 세트를 세 번 수행하고, 단관절 운동(예: 바이셉 컬과 트라이셉 익스텐션)을 보통의 강도로 10~12회 두 세트를 수행할 수 있다. 성인을 대상으로 한 연구에서는 1RM의 특정 퍼센트에 해당하는 수준의 반복 횟수는 운동 중 활용한 근육량의 영향을 받는 것으로 나타났으며(Shimano et al., 2006), 유소년에서도 비슷한 결과가 나왔다.

파워 트레이닝(플라이오메트릭, 최대 근력 운동 등)은 상대적으로 다른 운동에 비해 운동 강도가 세기 때문에, 유소년에게는 한 세트당 6~8회보다 적은 횟수로 수행할 것을 권장한다. 전통적인 근력 증진 운동과 달리 파워 운동은 높은 수준의 운동 기술을 요구하는, 폭발적이면서도 움직임을 미세하게 조절해야 하는 운동이다. 피로도는 전반적인 파워 운동에 영향을 끼칠 수 있으므로 유소년은 세트당 모든 운동 횟수에 대해 스피드와 효율을 유지하기 위해 그보다는 강도를 조금 낮출 필요가 있다.

4) 세트와 운동 간 휴식 시간

트레이닝 프로그램 구성 요소에서 세트 및 운동 간 휴식 시간은 가장 중요한 요소라고 할 수 있다. 휴식 시간이 너무 짧으면 정확한 힘과 파워 발현이 줄어들 수 있기 때문에, 성인 근력 트레이닝 프로그램에서는 일반적으로 주요 다관절 운동 후 최소 2~3분의 휴식 시간을 가질 것을 권장한다.

그러나 성인의 체력 및 신체 조건이 유소년과는 다르기 때문에 유소년의 권장 휴식 시간은 성인과 다를 수 있다. 유소년은 성인보다 고강도, 단기 및 간헐적 운동에서 회복이 훨씬 더 빠르다는 것이 연구 결과 밝혀졌기 때문이다(Zafeiridis et al., 2005). 보통 수준의 강도로 저항 훈련을 실시하는 경우, 유소년과 청소년에게는 더 짧은 휴식 기간(약 1분)으로도 충분하다고 할 수 있으나, 청소년이 유소년보다 더 많은 피로도를 느낀다는 것도 고려해야 한다.

또한 훈련 강도, 훈련량, 운동 종류와 수준도 휴식 시간에 영향을 끼친다. 더 높은 수준의 근력이나 기술을 요구하는 운동을 하는 청소년 웨이트리프팅 선수들의 근력은 근육 상태를 유지하기 위해 세트와 운동 횟수 간에 더 긴 휴식 시간(2~3분)이 필요하기도 하다.

5) 반복 속도

근력 운동을 수행하는 속도는 트레이닝 프로그램에 적응하는 정도에 영향을 끼칠 수 있다. 유소년은 모든 운동을 상대적으로 가볍게 수행하면서 올바르고 정확한 동작을 습득하는 것이 중요하기 때문에, 유소년 저항 훈련은 보통 속도로 하기를 권장한다.

그러나 운동의 종류에 따라 속도도 달라질 수 있다. 예를 들어, 플라이오메트릭 운동과 파워 향상을 위한 웨이트리프팅은 폭발적으로 빠른 속도로 수행해야 한다. 이에 대해서는 연구가 더 필요하지만, 트레이닝 프로그램 안의 여러 운동이 서로 다른 속도로 수행될 때 저항 훈련의 효과가 최대로 나타날 수 있다.

6) 트레이닝 빈도

유소년과 청소년에게는 비연속적으로 일주일에 2~3회 근력 트레이닝 계획을 세우는 것이 권장된다. 몇몇 연구는 청소년 시기의 근력을 강화하기 위해서는 일주일에 1회 근력 트레이닝을 하는 것이 바람직하지 않다고 지적하기도 하지만, 저항 훈련으로 증가한 체력의 효과를 유지하기 위해 일주일에 한 번 훈련을 시행하는 것은 효과적이기도 하다.

일반적으로 비연속적으로 일주일에 2~3회 근력 트레이닝을 실시하게 되면 세션당 충분한 회복 기간을 주어야 하는데(세션 간 48~72시간), 이는 유소년과 청소년의 체력과 파워를 증진하는 데에 효과적이다. 몇몇 유소년 선수는 일주일에 세 번 이상 근력 트레이닝에 참여하기도 하나, 훈련 강도, 훈련량, 운동 종류, 영양소 섭취 및 수면 습관 등의 요인도 트레이닝 프로그램에 대한 적응과 회복에 큰 영향을 끼치므로 고려해야 한다. 트레이닝 프로그램 단계가 더 높아질수록(그리고 더 많이 시행될수록), 올바른 운동 기술과 훈련 습관을 익히는 것 또한 매우 중요하다는 것을 강조해야 한다.

7) 프로그램의 변화

트레이닝 프로그램 구성 요소를 시간에 따라 변화를 주면 장기적으로 운동 효과가 최적화되고, 훈련에 대한 지루함도 감소할 뿐만 아니라, 운동 과다로 인한 부상 위험도 줄어든다.

최대 근력과 파워 향상을 위한 청소년 근력 트레이닝 프로그램을 실시할 때 진행 단계별 주요 구성 요소의 권장 내용은 〈표 1-3〉과 〈표 1-4〉와 같다. 훈련 목표와 관계없이 모든 선수는 가벼운 운동량으로 시작해 올바른 운동 기술을 배우고 다양한 운동 과정으로 점차 나아가야 한다.

표 1-3 최대 근력 향상을 위한 저항 훈련 단계별 권장 사항

구분	초보자	중급자	상급자
근수축 형태	신장성 & 단축성	신장성 & 단축성	신장성 & 단축성
운동 선택	단관절 & 다관절	단관절 & 다관절	단관절 & 다관절
강도	50~70% 1RM	60~80% 1RM	70~85% 1RM
양	1~2세트 (10~15회 반복)	2~3세트 (8~12회 반복)	3세트 이하 (6~10회 반복)
세트 간 휴식 시간	1분	1~2분	2~3분
수행 속도	중간	중간	중간
주당 빈도수	2~3회	2~3회	3~4회

* 1RM=1 repetition
출처 : Faigenbaum et al., 2009

표 1-4 파워 향상을 위한 저항 훈련 단계별 권장 사항

구분	초보자	중급자	상급자
근수축 형태	신장성 & 단축성	신장성 & 단축성	신장성 & 단축성
운동 선택	다관절	다관절	다관절
강도	30~60% 1RM 속도	30~60% 1RM 속도 60~70% 1RM 근력	30~60% 1RM 속도 70 to ≥ 80 1RM 근력
양	1~2세트(3~6회 반복)	2~3세트(3~6회 반복)	3세트 이하(1~6회 반복)
세트 간 휴식 시간	1분	1~2분	2~3분
수행 속도	중간 / 빠르게	빠르게	빠르게
주당 빈도수	2회	2~3회	3~4회

출처 : Faigenbaum et al., 2009

파워 훈련을 할 때 힘과 속도 모두 중요한 구성 요소이기 때문에 두 가지 전략이 필요하다. 하나는 근력을 위해 보통에서 강하게 강도를 높여 가는 방법이고, 다른 하나는 속도를 위해 가벼운 수준에서 보통 수준의 운동량을 수행하는 전략이다. 파워 클린power clean과 푸시 프레스push presses 같은 다관절 운동은 그동안 파워 훈련에도 넓게 활용되어 왔는데, 이러한 운동은 횟수당 노력(최대 속도)에 큰 영향을 받기 때문에 올바른 운동 기술에 대해 충분히 강조해야 한다. 초보와 중급 선수들을 위한 파워 요소로 3~6회의 1~3세트를 저항 훈련 프로그램에 통합해야 한다. 올바른 운동 기술을 배우는 것이 매우 중요하다는 것을 염두에 두고 모든 운동은 올바른 자세로 시작해야 한다.

여기서 언급하는 '초보novice'란 저항 훈련 경험이 거의 없거나 아예 없는 사람(2~3개월 미만) 혹은 몇 개월 동안 저항 훈련을 멈춘 사람을 뜻하며, '중급intermediate'은 저항 훈련을 3~12개월 동안 지속적으로 해온 사람, '고급advance'은 최소 12개월 동안 저항 훈련 경험이 있고, 또 이로 인해 근력이 증진된 선수를 뜻한다.

축구선수를 위한 웨이트 트레닝

II 축구선수의 에너지 동원 체계와 경기 중 활동 형태

1. 운동 에너지 동원 체계

　경기력 향상을 위한 체력 트레이닝 프로그램을 계획할 때 그 운동의 에너지원에 대한 이해 없이는 효과적인 프로그램을 만들 수 없다. 운동 에너지원에 대한 이해를 돕기 위해 인체의 에너지 동원 체계, 축구 경기 중 활동 형태 및 전문 활동 등에 대해 살펴보기로 한다.

　신체 활동은 근 수축에 의해 이루어진다. 근육이 수축할 때는 에너지원이 필요한데, 섭취한 음식물은 체내에서 화학적 반응을 통해 분해되어 화학적 에너지를 방출하고 이 화학적 에너지는 다른 화합물(아데노신 3인산, Adenosine triphosphate : ATP)을 합성하는 데 사용된다. 아데노신 3인산은 근육에서 직접 이용할 수 있는 화학적 에너지 형태이다. 이것은 '고 에너지' 화합물로 가장 중요한 화합물 중 하나이며, 근 세포 속에 저장되어 있다. 〈그림 2-1〉에 나타난 바와 같이 끝부분 두 개의 인산염 결합 부분이 분리되면 근 수축에 사용되는 많은 에너지를 방출함과 동시에 아데노신 2인산^{ADP}과 인산염^{Pi}으로 분해된다.

　축구선수는 한 경기에 평균 10km를 달리는데, 그중 8~18%는 약 30초 간격으로 15~20m 거리를 최고 스피드로 달리는 간헐적 intermittent 운동을 반복한다. 그리고 경기 중 정지된 상태에서 빠른 출발의 동작이 48~70회 정도이고, 천천히 조깅하다가 빠른 스프린트로의 속도 변화가 약 40~62회 된다고 한다. 또한 경기 수준이 높아질수록 최대 스피드를 발휘하는 거리가 길어지고 그 빈도도 자주

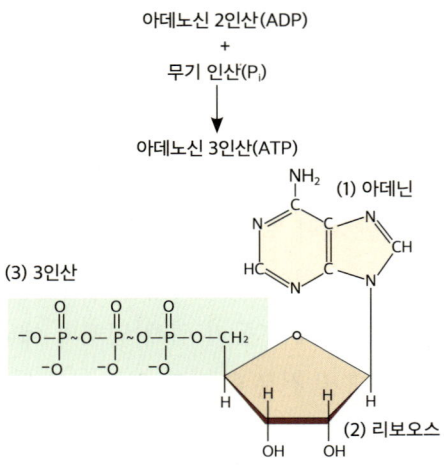

그림 2-1 ATP의 구조와 분해

나타나게 된다. 이러한 활동 형태와 속도 변화는 인체의 운동에너지 동원 체계와 밀접한 관계가 있다. 특히 최대 스피드로 20~30m를 달릴 때는 무산소 과정으로 인해 에너지가 동원된다.

축구 경기 중의 심박수와 혈액 내의 젖산 변화를 분석한 연구 결과를 보면 심박수는 경기의 3분의 2에 해당하는 시간 동안 최대 심박수의 약 85%를 유지한 것으로 보고되었으며, 혈중 젖산 농도는 평균 약 8mmol/L, 최고치는 12mmol/L로 축구 경기에서의 무산소 과정(ATP-PC, 젖산 시스템)에 의한 에너지 공급의 중요성을 보여 준다. 빠른 공수 전환 및 포지션에 관계없이 움직이는 현대 축구의 흐름을 고려할 때, 이러한 자료는 포지션별로 차이는 있겠으나 축구 선수의 에너지 공급 체계의 특징을 잘 나타내고 있다.

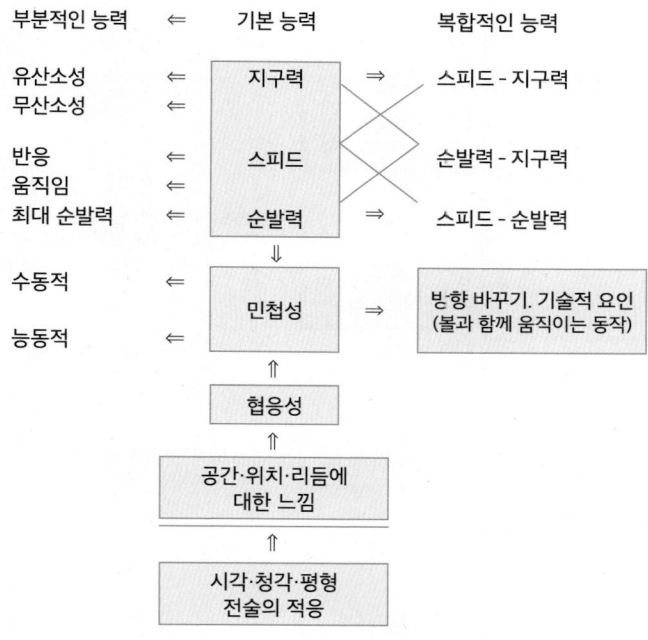

그림 2-2 축구의 기본적·부분적·복합적인 체력

    기존의 축구선수는 마라톤 선수처럼 무조건 오랫동안 잘 뛰어야 한다는 생각에서 한 단계 발전해 현대 축구에 필요한 선수는 100m 단거리 선수와 같은 스피드로 30~40m 정도를 빨리 달릴 수 있어야 함과 동시에 90분 동안 그 빠른 스피드를 계속 유지할 수 있어야 한다. 〈그림 2-2〉는 축구선수에게 필요한 기본 체력 요인과 복합적인 능력 요인을 나타낸 것이고, 〈그림 2-3〉은 축구 경기 중 활동 형태와 유산소, 무산소성 에너지 발현 및 체력 요인을 나타낸 것이다.

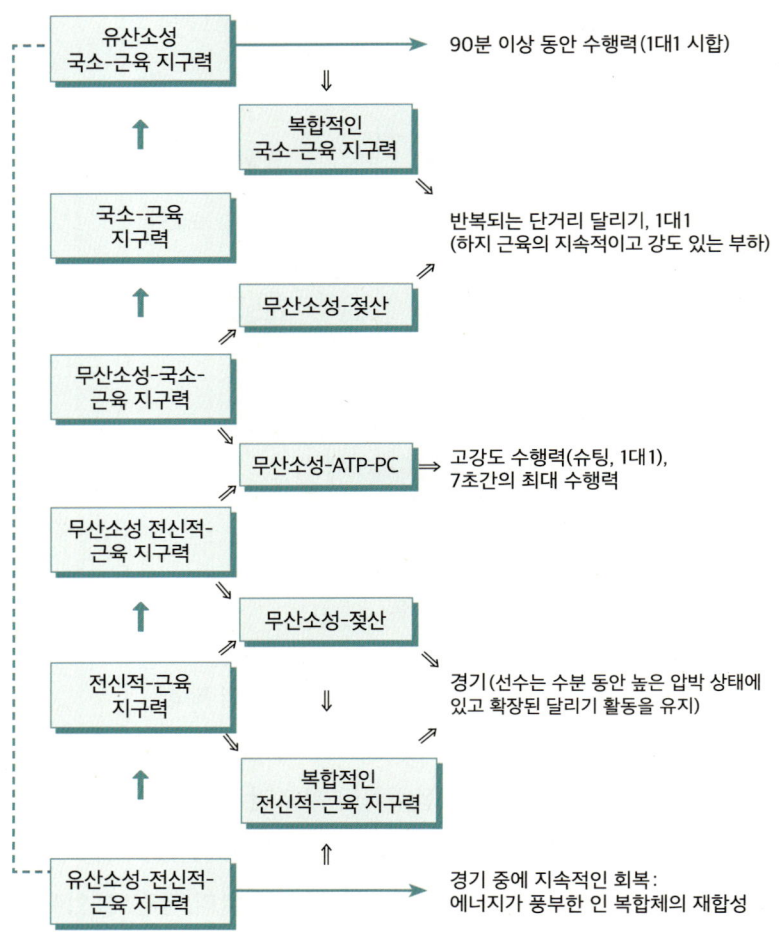

그림 2-3 축구의 유산소성과 무산소성 체력 요소

무산소 에너지 동원 체계(젖산 시스템)는 에너지를 신속하게 공급하는 장점을 갖고 있는 반면, 근육 내에 젖산이 생성되며 에너지 생산 효율성이 낮은 단점을 갖고 있다. 이러한 단점에도 불구하고 무산소 에너지 동원 체계가 이용되는 것은 유산소 과정의 제한점 때문이다. 유산소 에너지 동원 체계의 제한점은 산소 소비량을 운동하는 데 필요한 높은 수준으로 증가시키려면 적어도 2~3분이 걸린다는 것이다. 산소 섭취량을 증가시키기 위해 시간이 걸리는 이유는 적절한 생화학적·생리적 적응에 시간이 걸리기 때문이다. 운동을 할 때 산소 섭취량이 그 운동에 필요한 모든 에너지를 공급하기 위해서 소요되는 산소량에 미치지 못하는 것을 산소 결핍oxygen deficit이라고 한다. 바로 이 산소 결핍 기간에는 운동에 필요한 대부분의 에너지를 공급하기 위해서 ATP-PC와 젖산 시스템이 작용한다.

트레이닝은 그 스포츠 활동을 위해 가장 많이 이용되는 에너지 체계의 생리적 능력이 높아지도록 선정해야 한다. 그러므로 축구 경기의 특성상 ATP-PC 시스템과 젖산 시스템의 에너지 동원 능력을 향상시키고 높은 젖산 농도에 견디는 능력을 키우는 것이 축구 경기에서 승리할 수 있는 선행 조건이라 할 수 있다. 즉, 축구선수에게는 신속한 근육 내의 ATP-PC 시스템 에너지 동원 능력과 포도당을 이용한 젖산 시스템의 에너지 동원 능력이 필요할 뿐만 아니라, 무산소 과정에서 소모된 에너지를 빠른 시간 안에 반복적으로 보충할 수 있는 유산소 능력이 필요하다.

공격형 미드필더의 예를 들어 보자. 문전에서 센터포워드와의 2대1 돌파에 의한 슈팅을 시도하여 상대방의 골킥이 된 경우 조깅으로 중앙선 부근까지 후퇴하였다가 상대방 골키퍼의 킥을 풀백FB: fullback이나 스토퍼가 도중 차단하여 재차 공격을 하게 되어 오른쪽 윙 쪽으로 오버래핑overlapping으로 공격에 가담한 후 다시 자기 위치로 돌아오게 되는 상황을 살펴보면 2대1 돌파 시 20m를 최대 스피드로 달리고 40~50m를 조깅으로 수비 전환, 약 40m를 중간 속도에서 점차 최고 속도로 속도를 내는 오버래핑, 그리고 약 40m를 조깅하여 자기 위치로 돌아오는 형태의 움직임인 것을 알 수 있다. 즉, 무산소 과정에 의한 에너지 동원과 유산소 과정에 의한 회복 과정의 반복인 것이다.

무산소 능력을 높이기 위해서는 트레이닝 프로그램이 무산소 에너지 시스템을 자극할 수 있도록 구성되어야 한다. 무산소 에너지 시스템을 자극한다는 것은 운동에 필요한 에너지가 무산소 과정에 의해 동원되도록 운동을 해야 한다는 것을 의미한다. 무산소 과정에 의해 에너지가 동원되기 위해서는 운동 강도가 매우 높아야 한다. 최대 능력의 90~95% 수준의 운동 강도가 되어야 무산소 과정에 의한 에너지가 동원된다. 즉, 조깅이나 중간 정도 속도의 달리기를 할 때에는 무산소 과정이 아닌 유산소 과정에 의해 에너지가 동원된다. 그러나 높은 강도에서는 근육에 축적되는 젖산과 피로 때문에 오랫동안 계속해서 운동을 할 수가 없다.

1) ATP-PC 시스템

근육 내에 저장되어 있는 또 다른 근 에너지 화합물로 크레아틴 인산Phosphocreatine이 있다. 크레아틴 인산의 인산염이 떨어져 나올 때 대량의 에너지가 발생하는 것은 ATP와 유사하다. 이때 발생하는 에너지는 ATP를 재합성하는 데 직접 사용된다. 즉, 근 수축 시 ATP가 급속히 분해되면 저장된 크레아틴 인산이 분해될 때 생기는 에너지에 의해 ADP와 Pi가 계속해서 ATP로 재합성된다(그림 2-4). 크레아틴 인산이 크레아틴과 인산으로부터 재합성되기 위해서는 ATP가 분해될 때 발생하는 에너지가 필요하다.

ATP와 크레아틴 인산의 근육 내 총저장량은 매우 적기 때문에 이 시스템을 통해서 발휘할 수 있는 에너지의 양은 한정되어 있다. 실제로 최대 스피드로 100m를 달린다면 달리기에 이용되었던 근육 내에 저장되어 있는 ATP와 크레아틴 인산은 거의 고갈될 것이다. ATP-PC 시스템의 중요성은 양적인 면보다는 에너지를 빨리 이용할 수 있다는 데 있다. 특히 축구 경기에서의 10~20m 전력질주,

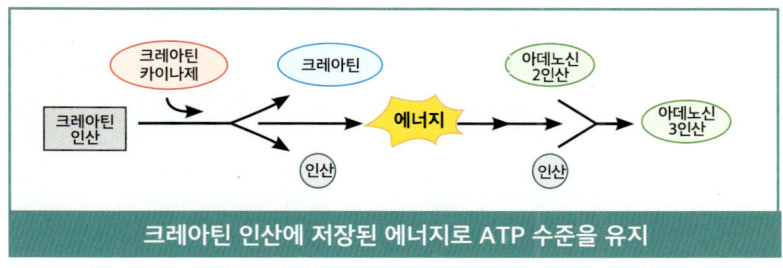

그림 2-4 ATP-PC 시스템

점프헤딩, 슈팅 및 킥킹과 같이 단시간에 고강도로 이루어지는 운동은 주로 ATP-PC 시스템에 의해 에너지가 동원된다.

2) 젖산 시스템

강도 높은 운동이 계속될 경우 ATP-PC 시스템을 통한 에너지가 고갈되며, 이후에는 주로 영양소가 분해될 때 나오는 에너지를 통해서 ATP가 합성된다. 이때는 근육 내에 있는 포도당glucose이 우선적으로 사용된다. 이때 분해되는 과정에서 산소 공급이 불충분할 경우에 포도당은 해당 과정을 통해 ATP가 형성되며, 부산물로 젖산이 생기게 된다. 젖산 시스템은 ATP-PC 시스템과 마찬가지로 축구선수에게 매우 중요한데, 그 이유는 ATP를 신속하게 공급할 수 있기 때문이다. 젖산 시스템은 30초에서 2분 이내의 강도 높은 운동을 할 때 에너지를 공급한다.

예를 들어 풀백이 오버래핑으로 공격에 가담했다가 크로스한 볼이 상대편에게 차단되어 상대방이 역습을 할 때 이를 막기 위해 다시 자기편 진영으로 급히 돌아올 경우, 주로 젖산 시스템을 통해 에너지를 공급받게 된다.

젖산 시스템은 ATP를 신속하게 공급하는 장점을 갖고 있는 반면, 근육 내에 젖산이 생성되는 단점이 있다. 근육 내에 젖산이 많이 축적되면 근육 피로를 유발하게 된다. 젖산 시스템의 에너지 생산 효율성은 포도당 분자 하나가 분해될 때 2분자의 ATP를 생산해 내므로 매우 낮음을 알 수 있다.

3) 유산소 시스템

운동할 때에는 휴식할 때에 비해 근 수축에 사용되는 에너지가 많기 때문에 ATP-PC 시스템과 젖산 시스템만으로는 장시간 운동에 필요한 에너지를 공급할 수 없다. 유산소 시스템은 영양소(탄수화물, 지방, 단백질)를 이산화탄소CO_2와 물H_2O로 완전히 분해하면서 근육 활동을 위한 에너지원으로서 ATP를 생성하게 된다.

젖산 시스템과 유산소 시스템의 차이점은 산소에 있는데, 산소가 충분하면 젖산의 축적을 막으면서 ATP 생성을 돕게 된다. 이것은 산소가 젖산의 바로 전 단계 생성물인 초성 포도산Pyruvic acid을 ATP 생성 후 유산소 과정으로 전환시키기 때문이다. 유산소 과정에 들어온 초성 포도산은 크렙스 사이클과 전자 수송 시스템을 거치며 이산화탄소와 물로 완전히 분해되면서 많은 ATP를 생성하게 된다. 유산소 시스템을 통해 포도당 분자 하나가 38 ATP를 생성할 수 있기 때문에 에너지 생산의 효율 면에서 젖산 시스템보다 월등하다고 볼 수 있다.

지금까지 살펴본 바와 같이 ATP를 공급하는 세 가지 시스템은 각각 사용 연료 및 상대적 ATP 생성량에 차이가 있고, ATP를 생성하는 파워나 최대 공급 능력도 차이가 있다(표 2-1 참조).

표 2-1 세 가지 APT 공급 시스템의 특성 비교

시스템	음식물 또는 화학적 연료	산소 필요	ATP 공급 속도	ATP 생성량
무산소 과정				
• ATP-PC 시스템	크레아틴 인산	×	가장 빠름	적음 : 제한 있음
• 젖산 시스템	글리코겐(글루코스)	×	빠름	적음 : 제한 있음
유산소 과정				
• 유산소 시스템	글리코겐, 지방, 단백질	○	느림	많음 : 제한 없음

2. 축구 경기 중 활동 형태

경기 중 선수의 체력적 요인 등을 평가하기 위한 이동거리 측정 연구에서 축구선수의 평균 이동거리는 9~12km인 것으로 보고했으며, 위치별로는 미드필더가 가장 많이 달리는 것으로 나타났다(AFC, 2001; Strudwick & Reilly, 2001). 최근에는 선수들의 이동거리뿐만 아니라 축구 종목의 특성을 반영한 10~30m의 짧은 거리 활동 형태 (stand, walk, jog, run, HIR, sprint 등)에 대한 연구도 진행되고 있다.

이러한 연구는 축구선수에게 필요한 체력적 요인을 포지션 및 개별 특성에 맞게 적절한 트레이닝 개발과 연구로 이어지게 하는 배경으로 설명되고 있으며, 그 중요성 또한 강조되고 있다(Drust, Atkinson & Reilly, 2007). 또한 점핑, 태클, 차징 등 축구 종목의 특성을 고려한 고강도 활동과 빠른 순간 스피드, 그리고 회복력 등이 축구 수준을 높이는 아주 중요한 요인이라고 강조하고 있다(Mohr, Krustrup, Bangsbo, 2003).

2000년대 이후에는 선수들의 이동거리와 활동 형태에 대한 연구 방법으로 영상 분석 프로그램을 활용한 연구가 진행되고 있다. 그중에서 디 살보 등(Di Salvo et al, 2007)은 영상 분석 프로그램인 아미스코 프로 버전Amisco Pro Version을 활용해 스페인 프로축구 선수들의 포지션별 이동거리를 살펴본 결과 중앙 미드필더, 측면 미드필더, 측면 수비수, 공격수, 중앙 수비수 순으로 많이 움직인 것으로 나타났다고 보고하였다. 또 디 살보 등(Di Salvo et al, 2009)이 활용한 컴퓨터 영상 추적 장치(Computerised tracking system, Prozone)를 활용한 연구에서는 활동 형태를 속도별로 범주화해 총 고강도 달리기 거리(평균속도 19.8km/h 이상, total high intensity running distance : THIR), 총 스프린트 거리(평균속도 25.2km/h 이상, total sprint distance), 스프린트 횟수와 형태 등으로 구분하고 분석하여 보고하였다.

국가별 대표선수와 빅리그 등에 참여하는 선수들을 대상으로 이동거리, 활동 형태 등에 대한 연구도 활발하게 이루어지고 있다. 다섯 대의 디지털 카메라로 촬영하여 비디오 이미지를 추적, 분석하는 VITS(Visual-based Image Tracking System (Visual Soccer 3.0®, Korea) 프로그램을 활용하여 국가대표 경기 및 K리그 경기 중 선수들의 이동거리 및 활동 형태를 분석한 이용수와 김용래(2015)의 연구 결과를 요약하면 다음과 같다.

〈표 2-2〉는 국가대표 경기와 K리그 경기 전·후반 모두 출전한 선수들을 포지션별로 분류하여 이동거리를 평균(mean) 및 표준편차(SD)로 분석한 결과이다. 총 이동거리에서는 측면 미드필더(SM)가 11.80±0.50km로 가장 높게 나타났고, 전반 이동거리는 중앙 미드필더(CM)가 5.91±0.34km로 가장 높게 나타났다. 또한 후반 이동거리는 측면 미드필더가 5.93±0.21km로 가장 높게 나타났고, 점유 시 이동거리는 중앙 미드필더가 7.67±0.37km로 가장 높게 나타났다. 비점유 시 이동거리는 측면 미드필더가 3.54±0.60km로 가장 높게 나타났다.

표 2-2 한국 국가대표 & K리그 선수들의 포지션별 이동거리

(단위 : km)

포지션	총 이동거리	전반 이동거리	후반 이동거리	점유시 이동거리	비점유시 이동거리
CD	10.32±0.75	5.20±0.39	5.12±0.42	6.13±2.26	3.16±.64
SD	11.33±0.88	5.64±0.47	5.69±0.46	6.83±0.2.22	3.53±0.64
CM	11.79±0.66	5.91±0.34	5.88±0.42	7.67±2.13	3.39±0.95
SM	11.80±0.50	5.86±0.33	5.93±0.21	7.03±2.04	3.54±0.60
FW	10.27±0.52	5.09±0.46	5.16±0.33	6.67±2.08	2.89±0.35
Total	11.23±0.97	5.61±0.48	5.61±0.54	6.92±2.22	3.24±0.74

포지션별로 분류하여 경기 중 이동거리를 속도별로 범주화하여 분석한 결과는 〈표 2-3〉과 같다. 스탠드stand 및 걷기에서는 중앙 공격수FW가 0.28±0.31km, 3.07±1.94km로 가장 높게 나타났고, 조깅은 중앙 수비수CD가 5.12±0.08km로 가장 높게 나타났다. 달리기는 중앙 미드필더CM가 1.83±0.49km로 가장 높게 나타났으며, 고강도 달리기HIR는 측면 미드필더가 0.58±0.28km로 가장 높게 나타났다. 스프린트sprint는 측면 미드필더가 0.21±0.19km로 가장 높게 나타났고, 전력질주 거리는 측면 미드필더가 0.26±0.16km로 가장 높게 나타났다.

표 2-3 한국 국가대표 & K리그 선수들의 포지션별 활동 형태

(단위 : km)

포지션	스탠드	걷기	조깅	달리기	고강도 달리기	스프린트	전력질주 거리
CD	0.22±0.27	2.95±1.54	5.12±0.81	1.04±0.49	0.37±0.26	0.09±0.09	0.12±0.08
SD	0.12±0.12	2.13±0.44	3.24±0.96	1.31±0.61	0.56±0.37	0.17±0.15	0.21±0.09
CM	0.14±0.18	2.38±1.38	4.39±0.65	1.83±0.49	0.54±0.18	0.10±0.05	0.12±0.05
SM	0.17±0.16	2.76±1.23	3.75±1.29	1.45±0.59	0.58±0.28	0.21±0.19	0.26±0.16
FW	0.28±0.31	3.07±1.94	3.32±0.57	1.17±0.35	0.47±0.21	0.14±04	0.14±0.06
Total	0.16±0.20	2.53±1.29	3.68±1.00	1.45±0.61	0.50±0.28	0.13±0.12	0.16±0.10

포지션별 이동거리는 총 이동거리, 전반 이동거리, 후반 이동거리에서 각각 유의미한 차이가 나타났으며, 특히 중앙 미드필더와 측면 미드필더는 중앙 수비수와 측면 수비수 그리고 중앙 공격수FW 보다 더 많이 뛰는 것으로 나타났다. 또한 속도별 포지션 활동 형태 이동거리는 걷기, 조깅, 달리기, 고강도 달리기, 스프린트, 전력질주 거리에서 각각 유의미한 차이가 나타났다. 특히 고강도 달리기와 스프린트는 측면 수비수와 측면 미드필더가 가장 많이 뛴 것으로 보고하였다.

디 살보 등(2009)은 2003년 시즌부터 2006년 시즌까지 선수 563명의 잉글랜드 EPL 경기의 고강도 활동 형태를 컴퓨터 영상 추적 장치를 활용해 분석하였다. 고강도 활동 형태는 총 고강도 달리기

거리, 총 스프린트 거리, 스프린트 횟수와 형태 등으로 구분해 분석하였다. 그 결과 총 고강도 달리기는 측면 미드필더가 1049±106m, 중앙 수비수가 681±128m로 각각 최고, 최저를 나타냈다.

EPL 선수들과 우리 대표선수들의 포지션별 고강도 활동을 비교 분석한 결과, 중앙 수비수와 측면 미드필더의 경우 비슷한 경향을 나타냈다. 중앙 수비수는 고강도 활동을 가장 적게 한 데 반해, 측면 미드필더가 고강도로 가장 많이 움직인 것으로 나타났다. 또한 EPL의 경우, 중앙 공격수와 중앙 미드필더가 고강도 활동을 측면 미드필더 다음으로 많이 하는 것으로 나타났으나, 한국 대표팀은 측면 수비수와 중앙 공격수가 측면 미드필더 수준의 고강도 활동을 보였고 중앙 미드필더는 측면 수비수에 비해 적게 움직이는 것으로 나타났다. 워커와 호킨스(Walker & Hawkins, 2013)의 연구 결과에 따르면, 포지션별 스프린트 거리와 횟수도 각각 측면 수비수 288m 60회, 측면 미드필더 331m 68회로 다른 포지션에 비해 높은 것으로 나타났다.

이와 함께 워커와 호킨스(Walker & Hawkins, 2018)는 〈표 2-4〉에 나타난 바와 같이 블룸필드 등(Bloomfield et al., 2007), 브래들리 등(Bradley et al., 2013), 부시 등(Bush et al., 2015)의 연구 결과를 토대로 최근 여섯 시즌 동안 고강도 달리기의 증가 비율을 분석해 대부분의 포지션에서 24%에서 35%까지 증가했다고 보고하였다.

표 2-4 EPL 선수들의 포지션별 활동 형태 및 체력적 요구 수준

포지션	총 이동거리 (m)	고강도 거리 (>19.8km/h)	스프린트 거리 (>26.2km/h)	스프린트 횟수	6시즌 고강도 달리기 증가(%)	그 밖의 움직임 패턴 (해당 포지션에 따라 다름)
센터백	9,896	612	153	36	33	더 뒤로, 더 옆으로 움직이고, 점프하기
풀백	10,730	1,115	288	60	35	더 긴 스프린트
중앙 미드필더	11,495	953	217	55	30	더 많은 전진 이동 및 0~90° 회전
측면 미드필더	11,612	1,214	331	68	27	더 많은 대각선 및 곡선 움직임
공격수	10,320	1,026	312	55	24	대각선 및 곡선 달리기, 270~360° 회전

출처 : Walker & Hawkins, 2018

    이러한 결과는 포지션에 따라 고강도 활동이 차이가 있다는 선행 연구와 유사하다(Di Salvo et al., 2007; Rampinini et al., 2007a). 이는 측면 미드필더와 측면 수비수의 측면 공간 활용 전술이 반영된 결과로 판단된다. 순간적인 수적 우위를 차지하기 위한 측면 수비수의 공격 가담과 수비 강화를 위한 측면 미드필더의 수비 가담 등 전술적 목적에 따라 빠르게 움직여야 하는 두 포지션의 기능이 고강도 활동의 증대로 이어진 것으로 판단된다. 그리고 고강도 달리기 비중

의 증가는 무엇보다 현대 축구가 보다 빠르게 움직이고 회복 시간은 줄어드는 체력적 부담이 시즌이 계속될수록 커진다는 것을 나타낸다.

한국 국가대표팀과 EPL 경기 분석 결과를 종합하면, 포지션별로 특징적인 체력 트레이닝 프로그램을 만들고 실행해야 한다는 것으로 의견을 모을 수 있다. 트레이닝 효과를 최대화하기 위해서 가급적 경기 상황과 비슷한 조건에서 트레이닝을 해야 한다는 것은 트레이닝의 주요 원리 중 하나이다.

방스보 등(Bangsbo et al, 2006)은 엘리트 선수의 트레이닝은 강도 높은 운동과 고강도 운동 후 빠른 회복에 초점을 맞춰야 한다고 주장했는데, 중앙 공격수, 측면 미드필더, 측면 수비수 포지션은 활동 형태 분석 결과에서 나타난 것과 같이 고강도 달리기와 스프린트 동작, 고강도 운동 이후 빠른 회복 능력을 향상시킬 수 있는 트레이닝에 초점을 맞춰야 한다. 또한 워커와 호킨스(Walker & Hawkins, 2018)의 제안처럼 포지션별로 점핑 동작이나 회전, 그리고 스프린트 거리나 방향 전환 등의 포지션별 전문 기능 동작 등도 트레이닝 처방과 실행에 반드시 포함시켜야 한다.

결론적으로 국가대표 선수들의 경우, 포지션은 경기 중 선수들의 활동 형태에 영향을 주는 것으로 나타났다. 이러한 현대 축구에서 요구되는 체력 수준의 자료와 분석 결과는 고강도 활동 등을 보다 빠르게 할 수 있어야 하고, 보다 빠르게 회복할 수 있는 능력을 갖춰야만 경쟁력을 가진 우수 선수로 성장할 수 있다는 것을 의미한다.

3. 경기 중 축구 전문 동작(풋볼 액션)

축구선수의 운동수행능력을 향상시키기 위해서는 축구 경기의 축구 전문 동작, 즉 풋볼 액션football action을 잘 분석하는 것이 필요하다. 풋볼 액션은 패스, 컨트롤 그리고 압박pressing으로 분류할 수 있다. 패스가 원활하게 연결되기 위해서는 테크닉과 함께 전술적·체력적인 면이 갖춰져 있어야 한다. 뛰어난 컨트롤은 필수이며, 볼을 잃었을 때 빠르게 다시 볼을 소유하기 위해서 적절한 타이밍에 프레싱을 할 수 있어야 한다(그림 2-5). 이를 위해 점프, 가속, 감속, 몸싸움 등 빠르고 강한 힘을 발휘하며 방향 전환 및 균형을 유지할 수 있는 능력이 발달되어야 한다.

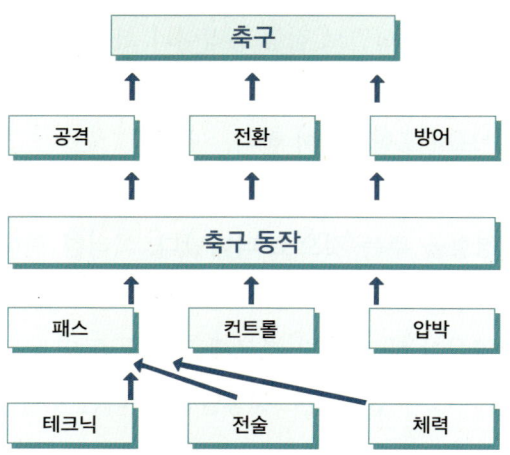

그림 2-5 축구의 구성 요소 : 축구선수의 운동수행능력과 축구 전문 동작

〈그림 2-6〉에서 볼 수 있는 것처럼, 축구선수가 기본적으로 갖춰야 할 것은 뛰어난 풋볼 액션이다. 뛰어난 풋볼 액션을 보다 많이 수행할 수 있어야 한다. 그리고 경기 후반부에 이르더라도 여전히 보다 많은 풋볼 액션을 유지할 수 있어야 하며, 경기 막판까지도 뛰어난 풋볼 액션을 지속적으로 유지할 수 있는 능력이 바로 뛰어난 선수의 특징이다.

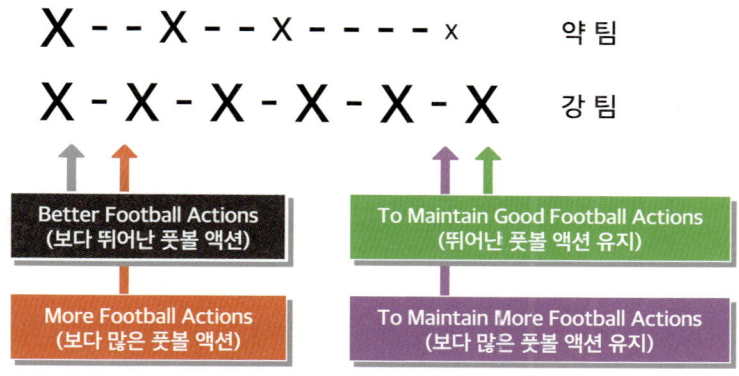

그림 2-6 경기 중 관찰되는 풋볼 액션의 유형
(시간의 흐름에 따라 풋볼 액션이 감소되는 약팀과 풋볼 액션이 지속적으로 유지되는 강팀의 퍼포먼스를 X의 크기를 통해 예로 들고 있다.)

간단히 말해 볼을 잘 차는 선수가 경기 90분이 종료될 때까지 볼을 잘 찰 수 있도록 유지시키는 것이 바로 현대 축구에서 요구되는 체력적 준비이다.

축구 경기에서 요구되는 풋볼 액션은 다른 스포츠에서 요구되는 활동이나 전문 체력과는 다르다. 축구선수는 3~4초 동안 최대로 빨리 달릴 수 있어야 하고 슈팅, 태클, 몸싸움, 점핑, 그리고 빠른 방향 전환과 신체 평형 유지와 함께 축구 전문 동작, 즉 풋볼 액션을 90분이라는 경기 시간 내내 반복할 수 있어야 한다(Mohr et al., 2003). 또한 경쟁하여 볼을 빼앗거나 빠르게 방향을 바꾸어 수비수를 돌파하는 등 순간적이면서도 강도 높은 움직임으로 득점이 가능하기 때문에, 실제로 득점이 가장 많이 발생하여 승패를 결정짓는 75분에서 90분 경기 후반 마지막까지 빠르고 높은 고강도 달리기, 스프린트 풋볼 액션을 유지할 수 있는 능력이 매우 중요하다.

이와 함께 포지션과 관련된 특징적인 전문 동작 형태를 분석한 연구 결과(Walker & Hawkins, 2018)를 살펴보면, 중앙 수비수는 뒤로 달리기, 옆으로 달리기와 점프 동작이 많은 것으로 나타났고, 측면 수비수는 긴 거리의 스프린트 움직임이 많이 나타났음을 알 수 있다. 한편 중앙 미드필더는 앞으로 달리는 움직임과 0~90도 회전 동작이 많이 나타났고, 측면 미드필더는 대각선 움직임과 곡선 움직임 diagonal and curved movement이 특징적으로 나타났으며, 중앙 공격수는 대각선·곡선 움직임과 함께 270~360도 회전 동작이 많이 나타났다(표 2-4).

4. 축구 경기의 생리적 요구 수준과 트레이닝

전 세계 2억 7천만 명이 넘는 사람들이 참여하는 스포츠라는 FIFA의 추정치가 보여 주듯, 축구는 세계에서 가장 관심을 많이 받는 스포츠라고 할 수 있다. 성공적인 축구선수가 되기 위해서는 반드시 필요한 기술 및 전술적 실행 능력 외에도 높은 수준의 운동 능력을 개발하고 보유해야 한다. 이전 연구에 따르면 유산소 근력 운동, 고강도 운동, 스피드와 민첩성 운동을 지속적으로 소화할 수 있는 능력이 높은 수준의 운동 능력을 결정하는 요소라 할 수 있다. 그러나 각각의 포지션별 신체적·생리학적 요소가 다르게 영향을 미칠 수 있다는 것도 고려해야 한다.

축구는 여러 신체적·생리학적 능력을 요구하는 고강도·간헐적 접촉 운동이라는 특징을 갖고 있다. 축구에 필요한 기술 외에도 축구선수는 높은 수준의 유산소·무산소 컨디셔닝, 속도, 민첩성, 근력, 파워 등을 길러야 한다. 이는 고강도 인터벌 훈련, 스몰 사이드 게임, 반복 스프린트 훈련, 속도와 민첩성 훈련 세션과 체력 및 파워 기반 웨이트 트레이닝을 통해 증진시킬 수 있다. 축구 코치와 체력 전문 지도자들은 적절하고 효과적인 훈련 프로그램을 구성하기 위해 긴밀하게 협력해야 한다.

다음은 축구선수들을 위해 참고할 수 있는 과학적 증거를 기초로 하는 축구의 요인별 생리학적 요구 수준과 트레이닝 방법이다.

1) 에너지 대사 컨디셔닝

트레이닝과 컨디셔닝 정도는 해당 선수가 경기에 얼마나 기여할 수 있는지를 결정한다는 점에서 축구선수에게 매우 중요하다. 총거리, 볼 점유 시간, 경기 중 스프린트 횟수와 같이 축구를 잘하기 위한 운동 능력의 여러 기준은 최대산소섭취량과 밀접한 관련이 있다.

헬게루드 등(Helgerud et al., 2001)의 연구에서는 엘리트 성인 남성 축구선수들에게 8주 동안 일주일에 2회 유산소 인터벌 훈련(최대심박수 HRmax의 90~95%에 이르는 4분간의 훈련을 4세트 실시하고 세트 간 3분의 조깅)을 실시한 결과를 아래와 같이 밝혔다(n=19; 18.1±0.8년). 유산소 에너지 대사 능력은 또한 더 높은 리그 순위, 경기 능력의 수준, 선발 여부와 연관이 높은 것으로 나타났다.

- 산소 섭취량 증가(VO_2max) 58.1±4.5부터 64.3±3.9 mL/kg/min ($P < 0.01$)
- 총 이동거리 20% 증가 ($P < 0.01$)
- 평균 운동 강도의 증가, 82.7±3.4%부터 85.6±3.1% ($P < 0.05$)
- 스프린트 횟수 최대 100%까지 증가 ($P < 0.01$)
- 젖산 역치 증가, 47.8±5.3부터 55.4±4.1 mL/kg/min ($P < 0.01$)
- 달리기 효율성 6.7% 증진 ($P < 0.05$)
- 볼 점유 관련 횟수 24% 증가 ($P < 0.05$)

2) 고강도 인터벌 트레이닝

축구는 강도 높은 움직임이 간헐적으로 반복되는 특징을 갖고 있다. 그러므로 경기에 적합한 체력적 요건을 갖추기 위한 훈련은 짧은 휴식기와 고강도의 움직임을 반복적으로 수행할 수 있는 능력을 개발하는 데 초점을 맞춰야 한다.

표 2-5 유산소 능력 향상을 위한 다양한 트레이닝 방법

훈련 그룹	프로토콜	훈련 전 최대산소섭취량 (ml/kg/min)	훈련 후 최대산소섭취량 (ml/kg/min)
장거리 저강도 러닝	최대심박수의 약 70% (137±7bpm) 강도로 45분간 지속적인 러닝	55.8 ± 6.6	56.8 ± 6.3
젖산 역치 수준 러닝	젖산 역치 수준(최대심박수의 85%, 171±10bpm)의 강도로 25분 지속적인 러닝	59.6 ± 7.6	60.8 ± 7.1
15/15 인터벌 러닝	최대심박수 90~95% (180-190±6bpm)에 해당하는 강도로 15초 러닝 후 최대심박수 70%(140±6bpm)에 해당하는 활동적 휴식, 러닝 47회 반복	60.5 ± 5.4	64.4 ± 4.4 5.5% 향상
4x4분 인터벌 러닝	4분간 최대심박수 90~95% (180-190±5bpm)에 해당하는 강도로 러닝 후 세트 간 최대심박수 70%(140±6bpm)에 해당하는 3분의 활동적 휴식	55.5 ± 7.4	60.4 ± 7.3 7.3% 향상

출처 : Turner & Stewart, 2014

고강도 인터벌 훈련HIIT : High-intensity Interval Training은 지속적인 훈련과 같은 시간과 운동량을 할애했다고 가정했을 때, 유산소와 무산소 능력 모두 향상되는 결과를 보였다. 이에 더해 고강도 인터벌 트레이닝 방법은 전통적인 지속적 훈련의 대략 절반 정도의 시간만을 필요로 하며, 선수에게 동기부여와 인내력을 더해 주고 기술적·전략적 훈련 연습 시간을 증대시켜 준다는 이점이 있다. 〈표 2-5〉는 프로 축구선수들의 유산소 능력 향상을 위해 구성된 네 가지 트레이닝 프로그램을 비교 분석한 것이다.

3) 스몰 사이드 게임

높은 수준의 운동 능력이 요구되는 스포츠에서는 일반적으로 훈련 상황이 실제 경기와 비슷하면 비슷할수록 훈련의 효과와 이점이 최대가 된다. 스몰 사이드 게임SSG : Small Sided Game은 기술적·전술적·체력적 능력을 끌어올리기 위해 축구에 특별히 고안된 훈련 프로그램(Rampinini et al., 2007b)으로 여러 가지 변형한 형태로 진행되는데, 참여하는 선수들의 수, 경기장의 크기와 규칙 등을 다양하게 응용할 수 있다.

스몰 사이드 게임은 선수들을 상당한 산소 및 무산소 운동량에 노출시키는 것으로 밝혀졌으며, 4대4 게임을 실시하는 경우 평균적으로 최대산소섭취량의 82%에 이르는 강도와 혈중 젖산 농도가 평균 4.5~4.9mmol까지 오르는 것으로 나타났다. 이에 더해, 고강도 운동의 횟수와 볼 점유 시간이 실제 경기(11대 11)보다 더 높은 것으로 드러났다. 레일리와 화이트(Reilly & White, 2005)는 연구 결과, 다음과 같은 조건의 고강도 인터벌 훈련과 스몰 사이드 게임 간 심박수와 젖산 농도는 큰 차이가 없다고 밝혔다.

- HIIT : HRmax 85~90%의 수준에서 4분 달리기 6세트, 3분 휴식
- SSG : 5대 5 게임 ; 4분 게임 6세트, 게임 간 3분 휴식

체력 전문 지도자들이 스몰 사이드 게임을 계획하고 시행하기 전에 고려해야 할 사항은 선수들의 운동 능력, 시즌 중 시기, 선수들의 기술적 수준, 경기 일정에 따른 SSG 적용 시기와 팀의 전반적인 전술 목표 등이다. SSG에 참여하는 선수들의 수는 스몰 사이드 게임에 따른 생리학적 및 전술적 요소에 영향을 미친다.

람피니니와 동료 연구자(Rampinini et al., 2007b)는 그들의 연구에서 SSG에 참여하는 선수들의 수가 적을수록 운동 강도가 증가하며, 이는 선수들의 볼 터치 횟수 증가로까지 이어진다고 밝혔다. 그러나 적은 수의 선수들은 기술적 움직임의 빈도를 증가시키지만 그만큼 선수들이 특정 포지션 및 임무에 제한되지 않으므로 훈련의 전술적 요소 효과는 약해질 수 있다.

경기장의 크기는 선수들의 운동 강도와 운동량 등에 영향을 미친다. 선수들의 활동 영역이 넓을수록 선수들이 어떠한 결정을 내리고 수행하는 데에 필요한 시간과 공간도 더 많아진다. 반대로, 좁은 공간은 의사결정과 수행을 위한 시간을 감소시켜 더 많은 양의 가속, 감속과 방향 전환이 이루어지게 된다. 또한, 경기장의 크기

가 클수록 생리학적 운동량과 격렬한 운동exertion의 비율도 더욱 높아진다.

이와 함께 선수들의 수, 경기장의 크기와 게임의 규칙을 조절함으로써 스몰 사이드 게임의 강도를 조절할 수 있다. 말로와 나바로(Mallo & Navarro, 2008)는 서로 다른 제약 조건을 가진 세 가지 운동을 수행하고 각각 비교한 연구 결과, 골키퍼를 포함하는 경우 선수들의 체력적·전술적 행동에 변화가 있다고 밝혔다. 골키퍼가 포함되는 경우, 그렇지 않은 경우보다 선수들이 뛰는 거리가 줄어들었으며, 강도도 더 낮았고, 수비에 더 집중하는 전술 형태를 보였다는 것이다.

이를 종합해 볼 때, 스몰 사이드 게임은 산소 및 무산소 능력을 증진시키고 유지하는 데 효과적인 생리학적 자극을 제공하며, 부수적으로 기술적·전술적 능력을 개발하는 데 도움이 된다는 것을 알 수 있다. 따라서 체력 전문 지도자들은 스몰 사이드 게임의 강도를 조절하기 위해 경기장의 크기, 선수들의 수, 게임 규칙과 시간 같은 여러 변수를 반드시 고려해야 한다.

다음 〈표 2-6〉은 스몰 사이드 게임의 다양한 형식의 예를 보여준다.

표 2-6 스몰 사이드 게임의 경기장 크기, 선수 수 및 시간

선수 수	경기장 크기 (m)	훈련시간	비고
3v3 / 4v4	25 x 20 / 30 x 25	2분 x 6세트 1분 휴식 3분 x 6세트 2분 휴식	제한된 전술적 요소 선수당 많은 수의 풋볼 액션 수행 고강도 가속/감속 & 방향 전환 수행 빈도 향상
5v5 / 7v7	40 x 30 / 60 x35	4분 x 4세트 2분 휴식 8분 x 5세트 2분 휴식	적절한 수준의 전술적 요소 중/고 반복의 풋볼 액션 중/고강도 가속/감속 & 고강도 러닝
8v8 / 11v11	70 x 40 / 90 x 45	12분 x 3세트 (2분 휴식) 15분 x 4세트 (2분 휴식)	높은 수준의 전술적 요인 선수당 적은 수의 풋볼 액션 수행 저강도(풋볼 액션 사이에 늘어난 회복 시간) 고강도 러닝의 향상 유산소성 의존도 향상

출처 : Turner & Stewart, 2014

4) 반복 스프린트 능력

스프린트를 반복적으로 수행할 수 있는가의 여부가 축구선수의 운동수행능력을 결정하는 요소로 여겨지는 만큼, 스프린트 능력은 성공적인 경기 수행에 반드시 필요한 요소이다. 반복 스프린트 능력 RSA: Repeat Sprint Ability은 연속적인 스프린트를 빠르게 수행할 수 있는 능력을 의미하며, 각 스프린트 사이에는 짧은 휴식이 주어진다.

반복 스프린트 훈련은 포지션과 각 경기에 맞는 움직임과 실제 경기 중 관찰된 강도를 바탕으로 계획, 실행되어야 한다.

이러한 훈련의 장점으로는 기술적인 요소가 에너지 대사 컨디셔닝과 결합되어 훈련의 시간 측면에서 그 효율성이 개선되고, 선수들의 동기 부여와 훈련에 준수하는 태도 등이 개선된다는 점이다.

간헐적 움직임을 수치화하는 방법은 일과 휴식의 비율이다. 그러나 축구에서는 이러한 비율이 포지션과 경기 수준에 따라 크게 좌우되므로 이에 대해서도 고려해야 한다. 일반적으로 반복 스프린트 훈련은 크레아틴 인산^{PCr} 회복의 증가를 목표로 하는 것이 바람직하다. 이는 PCr의 대부분을 보충할 만큼 긴 시간이지만, 동시에 적절한 훈련 강도에 적응할 수 있도록 피로도를 점진적으로 높일 수 있을 만큼 짧은 시간의 휴식기를 주면서 달성할 수 있다. 축구 경기에서 요구되는 인원질 동원 체계를 개발하기 위해서 일반적으로 일 : 휴식의 비율을 1:6으로 유지하는 것이 바람직하다고 여긴다 (Little & Williams, 2007). 수준이 높은 선수들의 경우, 이보다 조금 더 낮은 1:4의 비율로 원하는 정도의 훈련 효과를 이끌어낼 수 있다. 최대 운동 시간은 6초를 넘지 않아야 하며, 선형 움직임과 다각적 움직임도 좋은 효과를 낼 수 있다.

요약하면 HIIT, SSG와 RSA 훈련의 통합으로 축구선수의 유산소 및 무산소 능력을 증진시킬 수 있다. 시간의 효율성과 스포츠의 자연적인 특성 때문에 오프 시즌에는 유산소 및 무산소 인터벌 훈련을 주로 하고, 시즌 중에는 SSG와 RSA 훈련을 결합하여 진행하는 것이 바람직하다.

5) 가속과 스피드

경기 중 1.5m와 경기장의 길이에 이르기까지 사이에서 축구선수들은 평균 17m 스프린트를 한다. 스프린트의 96%는 30m보다 짧았으며, 30m 스프린트를 하는 데 걸린 시간은 평균 6초 미만이었고 90초마다 이루어졌다. 모든 스프린트의 절반에 가까운 비율이 10m보다 짧았으며(Mirkov et al., 2008), 일반적으로 선수들이 움직이기 시작했을 때 스프린트가 시작되는 것으로 나타났다. 결과적으로 부동 자세에서 시작하는 스프린트보다 더 짧은 시간과 거리 안에서 최대 속도에까지 이를 수 있다. 이를 통해 움직이다가, 또는 구르는 자세 이후 속도를 높여야 할 필요성이 제기된다.

스피드 능력을 구성하는 요소는 훈련을 통해 증진할 수 있다는 주장이 점점 더 힘을 얻고 있기는 하나, 이처럼 훈련에 가장 적합한 프로그램에 어떤 것들이 있는지에 대해서는 아직 명확히 밝혀지지 않고 있다. 스피드는 여러 요소로 이루어지는데, 스피드에만 집중할 수 있는 훈련이 필요하다는 것이다. 또한 전술적 측면의 스피드를 개발하기 위해서는 인지-행동의 결합과 인지-의사결정 측면에서의 개발이 필요하다. 스피드 능력에서 훈련을 통해 증진시킬 수 있는 요소들로는 신경근neuromuscular 조화 및 협응력coordination, 자세 통제 및 안정성, 근력 발휘, 이동 관련 근육의 기계적·형태학적 요인과 이동 관련 근육locomotor muscle의 역학 및 형태학적 요소와 수축-이완 주기 등이 있다.

6) 민첩성

축구선수는 2~4초에 한 번씩 방향을 바꿔 한 경기에 총 1,200~1,400회의 방향 전환을 한다(Turner & Stewart, 2014). 경기 중 가장 중요한 순간에 급격한 움직임이 발생하는데, 이는 곧 경기 결과를 바꿀 수 있는 순간이기도 하다. 여러 스포츠 종목에서 우수한 선수들은 공통적으로 시각적 탐색 전략에 더 정확하고 빠른 반응을 보이는 특성을 지니고 있다. 빠른 속도로 방향을 바꾸는 능력은 축구에서도 큰 영향력을 갖는다. 그러므로 축구선수에게 민첩성 agility은 반드시 개발해야만 하는 체력적 요소이다.

민첩성 트레이닝은 단순한 방향 전환에서부터 복합적 민첩성에 이르는 단계를 거쳐야 한다. 홀름버그(Holmberg, 2009)는 자신의 연구에서 민첩성은 기술적 훈련, 패턴 달리기 pattern running와 반응 민첩성 훈련의 순차적인 단계를 통해 최적화될 수 있다고 밝혔다. 기술적 훈련은 구체적인 움직임의 패턴에 집중하고 이를 개발하는 것을 포함한다. 패턴 달리기는 일반적으로 사전에 계획된 방향 전환 움직임과 이에 따른 스포츠 종목에 따른 패턴을 포함하며, 이러한 훈련은 초보 선수들에게 아주 효과적인 것으로 보인다.

그러나 기술적 요소가 높은 수준에 이르게 되는 경우에는 실제 경기와 비슷한 상황을 연출하고 선수들을 무작위 상황에 노출시켜 이에 반응하도록 하는 것이 좀 더 효과적인 훈련 방법이라고 할 수 있다. 즉 여러 상황에 따른 민첩한 반응을 개발할 수 있는 기회가 주어지는 SSG(스몰 사이드 게임)이 더 선호된다. 압박을 받아 저하되는 움직임은 SSG를 활용한 폐쇄적인 환경에서의 연습을 통해 개선할 수 있다.

7) 근력과 파워

축구는 킥, 스프린트, 태클, 점프와 같은 강력한 움직임을 수반한다. 스프린트, 점프 높이와 거리를 포함한 파워의 측정 결과는 축구 경기 능력과 긍정적인 상관 관계를 보인다. 특히 점프 높이($r=0.78$), 10m($r=0.94$)와 30m($r=0.71$) 스프린트와 유산소 지구력은 성인 남성 축구선수들의 체력과 높은 상관 관계를 보인다.

〈표 2-7〉에는 노르웨이의 엘리트 축구 리그 89회 우승팀인 로젠보리Rosenburg와 꼴찌를 한 팀 스트린드하임Strindheim을 비교한 내용이 정리되어 있다. 로젠보리팀 선수들이 보유한 더 높은 수준의 체력, 파워power와 근력strength이 경기장에서 더 좋은 움직임으로 이어질 수 있는 기초가 된 것으로 생각된다.

표 2-7 노르웨이 리그 순위에 따른 체력 요인 비교(Wisløff et al., 2004)

팀	신장 (cm)	체중 (kg)	최대산소 섭취량 (ml/kg/min)	스쿼트[a] (kg)	체중당 스쿼트 (kg/mass)	수직[b] 점프 (cm)	벤치 프레스 (kg)	체중당 벤치 프레스 (kg/mass)
로젠보리	182.1 ± 4.8	79.6 ± 6.3	67.6 ± 4.0*	164.6 ± 21.8†	2.1 ± 0.3†	56.7 ± 6.6*	82.7 ± 12.8	1.1 ± 0.3
스트린드하임	180.8 ± 4.9	76.8 ± 6.4	59.9 ± 4.1	135.0 ± 16.2	1.7 ± 0.2	53.1 ± 4.0	77.1 ± 16.5	1.0 ± 0.2

a : 무릎 관절 각도를 90°로 수행하는 스쿼트   b : 파워 플랫폼을 사용하여 결정된 점프 높이
* 스트린드하임보다 유의하게 높음 ($p < 0.05$)
† 스트린드하임보다 유의하게 높음 ($p < 0.01$)

⟨표 2-8⟩과 ⟨표 2-9⟩는 포지션별 크로아티아, 아이슬란드 선수들의 수직도 점프Countermovement Jump: CMJ와 스쿼트 점프Squat Jump 등 주요 체력 요인의 측정치를 나타낸 것이다.

표 2-8 크로아티아 축구선수들의 포지션별 체력 요인 비교

변인	수비수 (n=80)	미드필더 (n=80)	공격수 (n=80)	골키퍼 (n=30)	Total (n=270)	범위
체지방 (%)	12.2 ± 0.7	8.4 ± 2.9	10.2 ± 2.1	14.2 ± 1.9	11.9 ± 3.1	6.3~19.5
5m (초)	1.43 ± 0.5	1.47 ± 0.6	1.39 ± 0.4	1.45 ± 0.7	1.44 ± 0.5	1.39~0.47
10m (초)	2.14 ± 0.7	2.23 ± 0.5	2.03 ± 0.9	2.35 ± 0.8	2.27 ± 0.4	2.13~2.36
스쿼트 점프 (cm)	42.3 ± 2.1	41.49 ± 4.0	44.2 ± 3.2	46.8 ± 1.4	44.1 ± 1.3	40.9~48.3
카운터 무브먼트 점프 (cm)	44.2 ± 1.9	44.26 ± 2.1	45.3 ± 3.2	48.5 ± 1.5	45.1 ± 1.7	41.4~50.1
최대산소섭취량 (ml/kg/min)	59.2 ± 1.5	62.3 ± 3.1	58.9 ± 2.1	50.5 ± 2.7	60.1 ± 2.3	50.3~65.3
최대심박수 (bpm)	187.2 ± 2.3	191.1 ± 2.3	188.1 ± 2.1	188.5 ± 1.9	189.1 ± 1.9	185.4 ~ 193.3

Sporis et al. (2009) 등은 포지션에 따라 서로 다른 신체적·생리학적 프로필을 갖는지 평가하기 위해 2년 동안 크로아티아 프로 축구선수(평균연령 28.3 ± 65.9세, 범위 19.4~34.5세) 270명의 생리학적 측정 결과를 수집했다.

표 2-9 아이슬란드 축구선수들의 포지션별 체력 요인 비교

테스트 변인	공격수 N	Mean ± SD	미드필더 N	Mean ± SD	수비수 N	Mean ± SD	골키퍼 N	Mean ± SD	모든 선수 N	Mean ± SD
체지방 (%)	47	9.6 ± 5.1	76	10.7 ± 4.2	89	10.6 ± 3.6	15	12.3 ± 5.3	227	10.5 ± 4.3
카운터 무브먼트 점프 (cm)	49	39.4 ± 4.2	70	39.3 ± 4.9	79	39.3 ± 5.5	16	38.0 ± 5.6	214	39.2 ± 5.0
스쿼트 점프 (cm)	49	37.8 ± 4.4	70	37.6 ± 4.8	79	37.7 ± 4.9	16	35.8 ± 5.3	214	37.6 ± 4.8
최대산소 섭취량 (ml/kg/min)	47	62.9 ± 5.5	76	63.0 ± 4.3	87	62.8 ± 4.4	15	57.3 ± 4.7	225	62.5 ± 4.8
선수당 부상 일수	64	10.1 ± 9.6	96	11.9 ± 0.7	114	10.0 ± 19.0	24	2.8 ± 5.5	298	10.1 ± 19.1

Arnason et al. (2004) 등은 1999년 축구 시즌에 상위 2개 부문에 속한 17개 아이슬란드 팀의 엘리트 남자 축구선수 306명(평균연령 24세, 범위 16~38세)을 대상으로 체력과 팀 성공 간의 관계를 조사했다.

높은 수준의 저항 훈련을 통한 체력 훈련은 가속, 방향 전환 움직임, H+(수소이온) 조절 및 완충 능력, 반복 스프린트 능력을 개선할 수 있고, 이는 경기로 인한 피로도를 더욱 줄여 주는 것으로 밝혀졌다(Edge et al., 2006).

선수의 경력에 따른 근력 강화에 가장 효과적인 방법은 피터슨 등(Peterson et al., 2005)이 〈표 2-10〉에 정리해 놓았다. 최대 근력과 최대 파워 간에 존재하는 강한 양의 상관 관계(r = 0.77 - 094)는 파워를 증진시키기 위한 방법으로 높은 수준의 저항 훈련이 적용되어

야 한다는 주장을 더욱 뒷받침한다. 많은 운동량을 수반하는 체력 훈련(1RM의 80% 이상)은 운동량이 적은 저항 훈련을 실시했을 때보다 최대 근육 파워를 더욱 증가시켰다.

표 2-10 경력에 따른 최대 근력 향상을 위한 트레이닝 방법

초보자	아마추어	프로
비훈련자	훈련자	숙련자
강도: 1RM의 60%	강도: 1RM의 80%	강도: 1RM의 85%
양: 종목당 4세트	양: 종목당 4세트	양: 종목당 8세트
빈도: 주당 3일	빈도: 주당 2일	빈도: 주당 2일

RM = repetition maximum. 표는 Peterson et al. (2005)의 데이터에 기초해 만들었다.

파워를 결정하는 요소에는 근육 내와 근육 간 협응, 최대 근력과 수축-이완 주기SSC: stretch-shortening cycle를 구성하는 여러 구조적·신경적 요소가 있다. 그러므로 훈련을 할 때도 다각적으로 접근해야 한다. 요약하면 탄성 저항 훈련, 올림픽 스타일 웨이트리프팅과 플라이오메트릭 등 세 가지 훈련 방법으로 분류할 수 있다.

8) 탄성 저항 트레이닝

탄성 저항 트레이닝Ballistic Resistance Training 방법은 던지기나 점프와 같이 단축성 움직임이 끝날 때 외부 저항이 줄어드는 특징을 갖고 있다. 이는 더 오랜 시간 운동량을 가속할 수 있도록 하며, 그 결

과 더 높은 속도까지 이어질 수 있게 한다. 단축성 수축에만 집중하는 탄성 저항 훈련과 신장성-단축성 수축 형태의 탄성 저항 훈련 모두 수행할 수 있다.

 그러나 신장성-단축성 변화가 급격하게 이루어지는 운동이 파워를 증진하는 데는 필수적이다. 이전에는 최대 파워 또는 속도의 90% 이상이 되는 수준으로 운동을 반복해야 한다고 생각했으나, 크로닌과 슬레이버트(Cronin & Sleivert, 2005)는 연구 결과 최대 파워가 어느 정도인지 관계 없이 일정한 범위 내의 운동량에서 훈련을 수행한다면 좋은 결과를 낼 수 있다고 밝혔다.

9) 플라이오메트릭

 플라이오메트릭plyometrics 트레이닝을 통해 SSCStretch-shortening Cycle를 활용하는 경우 점프와 뛰는 높이가 증가하고, 달리는 속도에 상관 없이 땅과 접촉하는 시간GCT: Ground Contact Time이 줄어들며, 힘과 파워 생성이 증가하고, 방향을 전환하는 데도 도움이 된다.

 적절한 플라이오메트릭 훈련을 통해 SSC 메커니즘을 최적화하게 되면 선수들의 반응을 더욱 개선할 수 있다. 플래나건과 코민스(Flanagan & Comyns, 2008)는 자신의 연구에서 다음과 같은 단계를 통해 훈련을 구성할 것을 제안한다.

- 신장성 부하와 정확한 착지 방법
- GCT를 낮게 유지함과 동시에 저강도 고속 플라이오메트릭
- GCT를 낮추고 최적의 점프 높이를 확보하기 위한 허들과 점프

성공적인 축구 운동수행능력을 발휘하기 위해 근력과 파워는 반드시 고려해야 하는 요소이다. 이러한 목표를 달성하는 데 가장 좋은 방법은 강도 높은 저항 운동과 탄성 저항 훈련, 웨이트리프팅과 플라이오메트릭 형식을 빌린 파워 트레이닝을 결합하는 것이다. 파워 훈련을 위해서 다양한 운동량의 범위를 활용하여 훈련하는 것이 최적의 결과로 이어질 수 있다. 예를 들면 3회 반복을 최대 5세트 수행하고 각 세트 간 최소 3분간의 휴식을 하는 것이다. 이런 훈련 유형은 구성할 때 블록 단위로 하는 것이 바람직하다. 예를 들어 오프 시즌에는 근력과 지구력 훈련을 실시하고, 시즌 직전에는 근력과 파워 트레이닝을 중점적으로 실시한다.

10) 시즌 프로그램의 구성

전통적 주기화 전략(즉, 약 4주간 특정 요소에 집중하는 트레이닝을 3:1의 비율로 운동량을 적용하여 1~3주 차에 단계적으로 운동량을 늘리고 4주 차에는 운동량을 줄이는 전략)은 1회 경기 또는 2주 미만의 단기간 경기를 위해 최고조로 끌어올려야 하는 선수들에게 주로 사용되던 것으로, 팀 스포츠 선수들에게는 필수적인 사항이 아니었다. 프로 축구선수들은 시즌 직전 훈련 기간에 몸 상태를 최고조로 끌어올려야 하며, 이를 최대 35주까지 유지해야 한다. 그러므로 팀 스포츠의 전통적 주기화 전략은 시즌 오프와 시즌 시작 직전에는 적절할지 몰라도, 시즌 중에는 비전통적인 형태의 주기화 전략이 더 적합하다(Gamble, 2006).

이러한 형태의 주기화 전략은 훈련 구성의 변형과 동시에 여러 훈련 목표를 달성하기 위해 훈련할 때마다 운동량을 조절하는 것을 포함한다. 이 시스템의 장점 중 하나는 시즌 중 빠듯하고 유동적인 스케줄에 각 세션을 빠르고 쉽게 대응하고 조절할 수 있다는 것이다. 최대 35주까지 최고의 컨디션을 유지하는 것은 매우 힘들지만 근력과 파워를 유지하는 것이 중요하다.

다음 〈표 2-11〉과 〈표 2-12〉는 엘리트 축구선수들을 위한 연간 장주기 macro cyclce 계획과 시즌 중 일주일에 한 경기의 단주기 micro cycle 트레이닝 프로그램을 어떻게 구성하는 게 좋은지 보여 주는 예시이다 (Wing, 2018).

표 2-11 연간 트레이닝 단계별 트레이닝 프로그램의 예

준비 단계		경기 단계	전이 단계
일반 준비 단계	전문 준비 단계		
2~6주	3~4주	30~35주	3~4주
1~2 중주기	1 중주기	6~8 중주기(4주간)	휴식
1~2 연습경기	2~4 연습경기	비전통적 주기화	휴가
전통적 주기화	전통적 주기화		15일 정도 : 활동적 휴식 (주당 2~3회 세션)
			다른 종목 활용
			수영
			자전거
			조깅
			유연성 운동
훈련 목적 : Cycle 1	훈련 목적	훈련 목적	
근-지구력 / 근비대	근력-스피드	경기력	
유산소 능력 (최대심박수의 80~100%)	스피드-근력	근력 유지	
협응력	최대 속도	파워 유지	
기동성	젖산 & 비젖산 무산소 능력 향상	유·무산소성 파워	
훈련 주제 : Cycle 2	반응 민첩성	적절한 회복	
근력			
유산소 파워 (최대심박수의 0~100%)			
러닝 훈련			
코디네이션 & 방향 전환			

출처 : Wing, 2018

표 2-12 단주기 트레이닝 프로그램의 예

	월요일	화요일	수요일	목요일	금요일	토요일	일요일
오전	휴식	체력 : 근력/파워 축구 : 기술/전술 게임 (8v8, 11v11)	체력 : 개인화된 부상 예방 훈련 & SSG, 반복 스프린트	체력 : 근력/파워 축구 : 기술/전술	체력 : 개인화된 부상 예방 훈련 & 스피드/반응 축구 : 전술 게임	휴식	팀 회복 훈련 : 기술/협응력 훈련 (경기 미참여 선수)
오후	휴식	축구 : 기술/전술 훈련	축구 : 기술/전술 훈련	휴식	휴식	경기	휴식

출처 : Wing, 2018

일반 준비 단계

준비 단계는 일반적으로 2~6주간 지속되며 상대적으로 많은 운동량과 저강도 운동을 포함한다. 모든 스포츠에 적용할 수 있는 이 단계에서 가장 중시되는 목표는 점진적으로 증가하는 훈련 및 경기로 인한 운동량에 대해 선수들이 내성tolerance이 생길 수 있도록 하고 개인마다 부족한 체력 요인을 파악하는 것이다. 이 시기에 하는 운동은 선수 개인마다 필요에 따라 서로 다르게 수행되어야 한다.

〈표 2-13〉은 준비 단계의 훈련 프로그램 구성 예시이다.

표 2-13 일반 준비 단계의 중주기 트레이닝 프로그램의 예

비시즌 (일반 준비 단계)		
세션 1 (10RM, 3세트)	세션 2 (12RM, 3세트)	세션 3 (8RM, 3세트)
덤벨 측면 런지	바벨 오버헤드 스쿼트	덤벨 스쿼트
바벨 루마니안 데드 리프트	케이블 힙어덕션	어시스트 노르딕 컬
싱글레그 칼프 레이즈	싱글레그 스쿼트	케이블 힙어덕션
바벨 밀리터리 프레스	벤치 프레스	덤벨 프레스 업 & 로테이션
닫힌 그립 풀업	시티드 케이블 로우	인버트 로우
케이블 트렁크 로테이션	케이블 안티 로테이션	변형 플랭크

대사적 컨디셔닝 : 4 x 4분 인터벌 달리기
(최대심박수의 90~95%, 세트 간 3분의 최대심박수 70%의 활동적 휴식)

가속 & 스피드 : 스프린트 기술/준비 & 협응적 훈련

플라이오메트릭 (착지 메커닉의 강조)

  점프 & 스틱 (양발-한 발)

  박스 점프 (양발-한 발)

민첩성 : 다양한 닫힌 방향 전환 드릴 (속도가 아닌 움직임 메커닉의 강조)

참고 : 3대1 로딩 패러다임

특정 스포츠를 위한 준비 단계

이 단계는 일반적으로 2~4주에 걸쳐 진행되며, 상대적으로 운동량은 적으나 고강도 운동을 포함한다. 이때의 훈련 목표는 특정 스포츠에 맞는 훈련 방법을 적용하여 스피드와 파워를 향상시켜 경기력을 높이는 것이다(표 2-14).

표 2-14 전문 준비 단계의 중주기 프로그램의 예

프리시즌 (전문 준비 단계)

세션 1	부하	세트/반복 횟수	세션 2	부하	세트/반복 횟수
행 파워 클린	70% 1RM	5 x 2	미드 타이 풀	85% 1RM	5 x 3
점프 스쿼트	0% 1RM	5 x 3	메디신 볼 던지기	체중 10%	5 x 3
노르딕 컬	체중	3 x 6-8	드롭 점프	체중	3 x 5
벤치스로우	55% 1RM	3 x 5	벤트오버로우	75% 1RM	3 x 6

대사적 컨디셔닝 : SSG & 반복 스프린트 / 전술적 대사 훈련 (운동 :휴식 비율=1:6)

가속 & 스피드 : 최대 스프린트 – 5, 10, 15m

플라이오메트릭 : (짧은 지면 접촉 시간 강조) 많은 홉핑과 점프(양발, 한 발 ; 다방향)

민첩성 : 복잡한 패턴 연습에서 반응 연습으로의 발전

참고 : 3:1 로딩 패러다임 개인 지도와 세트 간 혹은 세션 마지막 코어 훈련

경기 단계

이 단계는 최대 35주까지 지속될 수 있으며, 훈련 강도와 양은 경기 스케줄에 따라 유동적이다. 가능하다면 시즌 중에도 근력과 파워를 높이는 것도 중요하지만, 이 단계의 목표는 선수의 컨디션을 최고조로 유지하는 것이다. 또한 경기 단계에서는 엘리트 선수들의 체력 소진을 최소화하는 것을 목표로 해야 한다. 〈표 2-15〉는 경기 단계의 프로그램 구성 예시이다.

표 2-15 근력과 파워 유지를 위한 경기 단계 트레이닝 프로그램의 예

인시즌 (경기 단계)						
세션 1	부하	세트/반복 횟수	세션 2	부하	세트/반복 횟수
랙 풀	70% 1RM	5 x 2	파워 클린	80% 1RM	5 x 3
1/2 백스쿼트	90% 1RM	3 x 3	박스 점프	체중	5 x 5
무릎 펴고 데드 리프트	75% 1IRM	3 x 8	스텝 업	75% 1RM	3 x 6
벤치 프레스	80% 1RM	3 x 6	와이드 그립 턱걸이	체중	3 x 6

대사적 컨디셔닝 : SSG(스몰 사이드 게임) & 반복 스프린트 / 전술적 대사 훈련
　　　　　　　 (운동 : 휴식 비율=1:6~1:4)

가속 & 스피드 : 최대 스프린트 - 5, 10, 15m

플라이오메트릭 : (짧은 지면 접촉 시간 & 최대 점프 높이 강조) 뎁스 점프와 바운드
　　　　　　　 (양발, 한 발; 다방향)

민첩성 : 반응 연습과 SSG

개인 지도와 세트 간 혹은 세션 마지막 코어 훈련

축구는 여러 신체적·생리적 능력을 요구하는 고강도·간헐적 형태의 팀 스포츠이다. 축구선수들은 이에 더해 높은 수준의 유산소 및 무산소 능력, 스피드, 민첩성, 체력과 힘을 갖추어야 한다. 이러한 체력 요인은 다음과 같은 트레이닝 방법을 통해 향상시킬 수 있다.

- 유산소 및 무산소 능력 : HIIT, SSG, RSA
- 스피드와 민첩성 : 신경근 기술과 결합, 근력, 자세 조정과 안정성, 플라이오메트릭
- 근력 : 고강도 저항 훈련
- 파워 : 탄성 저항 훈련, 플라이오메트릭, 올림픽 스타일 웨이트리프팅

전이 단계

시즌이 종료된 후에는 사전에 구성한 훈련 단계로 넘어가기 전에 과도기가 있다. 이 시기에는 근육, 신경과 심리적 피로를 해소하기 위해 충분한 휴식을 취해야 한다. 전이 단계 transition phase에서는 약한 강도의 훈련 프로그램을 구성하여 게임과 같은 재미의 요소를 더하고 저강도와 낮은 수준의 운동량을 활용하는 것이 바람직하다.

축구선수를 위한 웨이트 트레이닝

III 근파워의 생리학적 기전

파워power란 단위 시간 동안 발현되는 힘으로 정의할 수 있다. 파워는 오늘날 거의 모든 스포츠 경기에서 가장 중요하게 여기는 체력 요인 중 하나이다. 파워는 0W를 내는 등척성 수축부터 1만 W 이상을 내는 수직 점프 동작에 이르는 다양한 범위의 움직임에서 모두 요구된다. 파워를 발휘하기 위해 근신경계는 다양한 생리학적 특징과 원리에 따라 작동한다. 적절한 트레이닝 프로그램의 디자인은 파워에 대한 기본적인 생리학적 기전의 이해에서 출발해야 한다.

파워를 발휘하는 것은 근육 활동의 가장 중요한 특징 중 하나이며, 와트로 측정할 수 있다. 스포츠에서 '근파워muscular power'는 근력strength만큼이나 중요하게 인식되고 있다.

파워 방정식을 나타내는 힘force과 속도는 밀접한 관련이 있지만, 빠른 동작에서 힘을 내는 능력은 오늘날 많은 스포츠의 엘리트 운동선수가 갖춰야 할 능력이다. 운동 중 발휘되는 파워는 수행하는 운동의 종류에 따라 달라진다. 장거리 달리기의 경우, 선수는 각 보행 주기에서 50W의 파워를 산출한다. 반면 역도 선수의 경우, 용상 동작의 후반부에 약 7,000W 이상의 파워를 발산한다. 파워를 내기 위한 기본적인 생리학적 작용을 이해하는 것은 체력 전문 지도자들이 파워를 증가시키기 위해 어떻게 훈련할지에 대한 이해를 높이는 데 매우 중요하다.

1. 힘-속도 곡선

전통적인 힘-속도 곡선force-velocity curve은 움직임의 속도가 단축성 수축에 따라 0부터 증가할수록 발산되는 힘은 감소한다고 정의한다. 이와 반대로 신장성 수축에 따라 속도가 0부터 증가할 경우, 힘은 증가한다. 힘-속도 곡선의 패턴은 관절에 따라 다를 수 있지만 다른 두 근육 활동에 대한 힘과 속도의 관계는 앞서 말한 바와 같이 유지된다.

일반적으로 파워는 단축성 수축을 할 때 힘-속도 곡선으로 측정한다. 파워는 힘×거리 또는 시간, 힘×속도로 정의할 수 있다. 힘은 파워를 내는 데 중요한 역할을 할 뿐만 아니라 트레이닝으로 적절

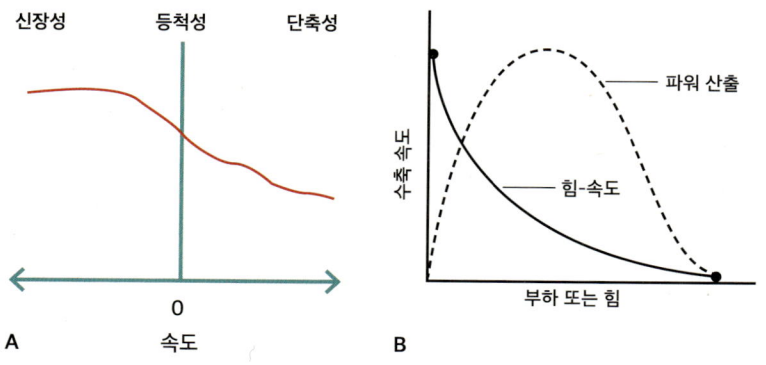

그림 3-1 힘-속도 관계 곡선
(A : 등척성, 신장성, 단축성 수축과 속도 / B : 힘 속도와 파워의 관계)

히 유지되지 않을 경우, 파워 산출이 감소되거나 변화가 없게 된다. 힘은 저항의 양으로 표현되는 반면에 속도는 거리이며, 이는 움직인 시간에 따른 저항으로 변화한다. 최대 파워는 저-중강도의 힘에서 중간 정도의 속도로 수축할 때 발현된다(그림 3-1).

2. 신전 반사와 수축

　신장성 활동과 비교할 때, 근육의 단축성 활동은 상대적으로 훨씬 작은 힘을 낸다. 그러나 이완과 수축 주기가 일어날 때 근육의 탄성 능력을 이용하기 위해 신장성 움직임과 단축성 움직임을 동시에 사용하면 파워는 더 증가한다. 이러한 이완-수축 주기는 빠르게 반대 작용이 상호보완적으로 일어나므로 신장성 활동을 통해 해당 근육은 스트레칭되게 된다. 근육은 스트레칭되는 능력을 갖고 있는데, 이는 근육 조직 주변을 둘러싸고 있는 결합 조직들로 구성된 탄력성을 가진 요소들로 인해 늘어날 수 있는 특성이 있기 때문이다. 근육이 신장되면 근육 내에 존재하는 근방추라고 알려진 기계적 수용기 또한 늘어나고, 이 정보를 중추신경계로 보내게 된다. 이러한 피드백은 과신전으로부터 조직의 손상을 막기 위해 반사적으로 수축을 유발하는 즉각적인 신호를 발생한다.
　이러한 신전 반사stretch reflex는 단축성 작용과 동시에 발생하면 움직임에 관여하는 부위 또는 몸 전체의 속도를 빠르게 한다. 신전-단축 주기를 활용하지 않는 스쿼트 점프와 점프 직전 빠르게 몸을 낮추었다 점프를 하는 수직 점프를 비교하면 운동 중 신전-단축 주기를 포함시킬 경우 파워를 상당히 증가시킬 수 있다는 것을 알 수 있다. 이러한 원리를 따라 파워를 향상시킬 수 있도록 다양한 운동 중에 신전 반사의 신전-수축 주기를 활용하는 방법이 플라이오메트릭 트레이닝이다.

3. 운동 단위 동원

  운동 단위의 동원은 특정 속도에서 힘을 발휘하는 기전에 대한 생리학적 기초를 제공한다. 운동선수들의 움직임은 골격근의 활동에 따른 결과이지만, 궁극적으로는 신경 조직과의 신호 전달을 통한 상호작용에 따라 발생하는 것이다. 신체 활동 중 파워를 내기 위해 의식적으로 조정된 움직임은 대뇌의 전두엽에 위치한 운동 피질에서 시작된다. 다양한 정보들로 구성된 신경계의 전기적 신호는 근육 움직임을 조절하기 위해 상위의 뇌 영역으로부터 뇌간을 거쳐 특정 운동 단위를 자극하는 데 관여하는 척수신경으로 전달된다(그림 3-2).
  운동 단위는 알파 운동 신경과 신경이 분포되어 있는 근섬유들로 구성되어 있다. 운동 단위는 다양한 적근Type I 또는 백근Type II 근섬유를 포함하고 있고, 각 섬유는 동질적인 운동 단위로 이루어져 있다. 알파 운동 신경은 전기적 흥분성 세포로, 골격근의 활동과 관련된 정보를 생산하고 다른 신경으로부터 받아 전달하기도 하는 세포이다. 전형적인 신경세포에서 수상돌기는 정보를 취합하고 이를 척수신경 내에 위치한 소마soma라고 알려진 세포체로 전달하는 운동 신경의 위쪽에서 뻗어져 나온 구조이다. 활동 전압action potential 이라 알려진 전기적 형태의 신호들은 세포체와 축삭axon 간의 접합부인 축삭둔덕axon hillock으로부터 운동 신경과 근육 섬유를 연결하는 근신경접합부로 전달된다. 운동 신경에서 활동전압action potential

이 생성되기 위해서는 우선 동원 역치recruitment threshold라고 일컫는 자극의 특정 수준을 넘어서야 하고, 이를 위해서 신경세포의 수상돌기로부터 유입되는 전기적 신호들의 가중summation이 필요하다 (Kraemer & Looney, 2012).

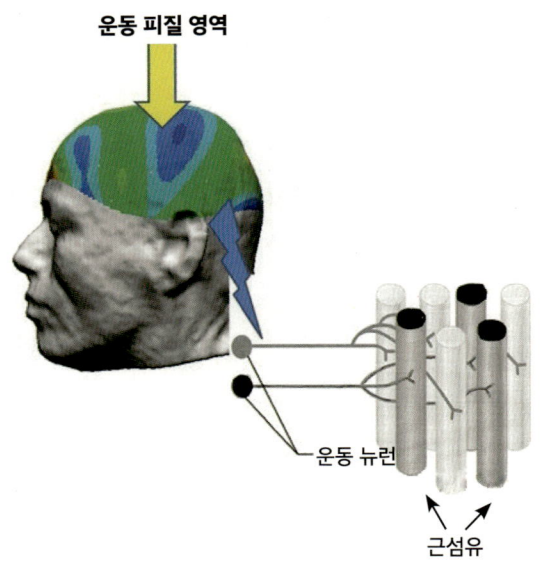

그림 3-2 운동 신경, 운동 단위와 대뇌 운동 피질의 전기적 신경 자극의 연결
(Kraemer & Looney, 2012)

운동 신경의 동원 역치는 해당 신경의 축삭돌기 크기와 직접적인 관련이 있다. 축삭돌기의 크기가 클수록 더 많은 양의 자극이 요구된다. 신경세포체의 크기가 운동 단위의 크기나 알파 운동 신경이 포함된 근섬유의 숫자와 정비례하기 때문에 크기 원리는 파워에 대한 이해를 넓히기 위한 기본 원리이다. 작은 운동 단위일수록 동원

역치가 낮기 때문에 우선적으로 동원된다. 반면에 크기가 큰 운동 단위의 경우, 동원 역치가 높지만 더 큰 힘을 낸다.

이러한 방식의 운동 단위 동원은 근육의 활동 형태와 무관하게 항상 같은 방식으로 작동한다. 각각의 근육은 다양한 크기의 운동 단위를 갖기 때문에 '헤만의 크기 원리Henneman's size principle'에 따라 점차 큰 운동 단위의 순서로 동원된다(Henneman, 1985). 저항성 운동을 할 때, 운동을 하는 부하와 중량을 증가시키는 비율이 자극받는 근섬유의 숫자를 결정하는 중요한 요인이다.

일부 연구자들은 파워를 발휘하는 데 우선적으로 사용되는 운동 단위가 존재한다고 주장하지만, 현재까지는 이론적 논의의 수준에 머물러 있다. 〈그림 3-3〉은 운동 단위 크기, 동원 역치와 이에 따른 저항성 부하를 나타내는데, 이는 발현되는 힘이 동원된 운동 단위의 크기 및 그 수와 관련이 있기 때문이다(Kraemer & Looney, 2012). 운동할 때 적용된 중량 혹은 저항에 의해 활성화되지 않거나 자극되지 않은 운동 단위들은 비활동적인 상태에서 외부로부터 공급된 다량의 대사 산물이나 이온들이 근섬유로 직접 노출되는 경우를 제외하고는 본질적으로 트레이닝되지 않은 상태의 운동 단위들이다.

따라서 근신경계에서 물질대사의 동화 작용은 운동 단위가 활성화되었을 경우에만 발생한다. 반면에 활성화되지 않은 운동 단위의 근섬유에 프리 라디칼free radicals 등과 같은 이화 작용성 물질이 노출될 경우에는 이화 작용이 발생할 수도 있다. 결국 최적화된 훈련 구성은 파워를 향상시킬 뿐만 아니라 적절한 컨디셔닝에도 중요하게 작용한다.

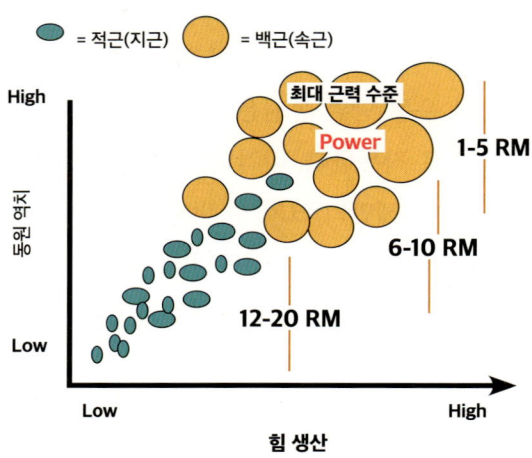

그림 3-3 적근(Type I), 백근(Type II)의 근력 발휘 정도와 근섬유 동원 비율
(무거운 부하일수록 백근 동원 비율이 증가, Kraemer & Looney, 2012)

운동 단위의 수는 곧 근육의 횡단면 면적을 반영하며, 활동할 때 사용되는 액틴 마이오신 십자형 가교의 수와 부합하기 때문에 움직임을 위해 동원되는 운동 단위의 수는 파워의 크기를 결정하는 중요한 요인 중 하나이다. '헤만의 크기 원리'는 운동 단위의 순차적 동원에 있어 근신경계 기능을 이해하는 데 가장 중요한 원리이다. 가장 낮은 수준의 활동을 할 때에는 적은 수의 운동 단위만이 동원되고 최소한의 파워가 발현된다. 그러나 활성이 증가할수록 더 큰 운동 단위의 동원 역치를 뛰어넘게 되고, 결과적으로 더 많은 운동 단위가 동원되어 더 큰 힘과 파워를 낼 수 있게 된다. 특정 자극 수준에서 근육 내에 동원 가능한 모든 운동 단위가 동원되어 결과적으로 최대의 힘을 발현한다. 즉, 단축성 활동을 위한 힘-속도 곡선에

기초하여 생각하면 힘이 증가할수록 속도는 점점 감소하여, 결국 특정 시점에는 더 큰 힘을 내는 운동 단위의 동원이 파워를 증가시키지 않는다. 특정 근육에 의해 힘을 낼 수 있는 능력은 근섬유 형태와 근섬유의 횡단 면적과 같은 양에 의해 결정된다고 할 수 있다.

각각의 근육은 기능적 역할에 따라 다양한 크기의 운동 단위들이 다양한 개수로 분포되어 있다. 더 정교하게 파워를 내기 위해서 운동 단위당 근섬유의 비율은 더 적게 구성되어 있다. 안구 운동을 관장하는 눈 바깥 근육에서 이러한 구성을 관찰할 수 있는데, 운동 단위 하나에 오직 5~10개의 근섬유들만으로 구성되어 있다. 이는 눈과 손의 조화로운 작용이 필요한 스포츠에서 매우 중요하게 작용한다. 이와 반대로, 비복근의 경우에는 상당한 양의 파워를 내기 위해 운동 단위당 약 1,000개의 근섬유가 결합되어 있다. 따라서 골격근은 각 근육의 기능에 따른 운동 단위당 근섬유의 비율을 갖는다. 고도로 훈련된 움직임을 구사할 경우, 근섬유가 적게 결합된 운동 단위를 사용하게 될 것이다.

예를 들어 헤딩 점프 슈팅을 할 경우, 헤딩을 하기 적합한 최대 높이로 뛰어오르기 위해서는 땅을 딛고 오를 때 최대 파워가 필요할 것이다. 그리고 높이가 정점에 다다르고 머리로 볼의 방향을 결정짓고 헤딩을 하는 순간에는 정교한 컨트롤을 하는 데 필요한 적은 운동 단위가 결합된 근육이 사용될 것이다.

파워는 미세한 움직임부터 고강도의 움직임에 이르기까지 모든 움직임의 형태에 관여하는 중요한 요인이다. 파워를 내는 데 작용하는 기본 기전은 근신경계의 주된 생리학적 특징이 포함되어 있다.

근섬유의 크기, 형태, 숫자와 관련된 운동 단위 구성은 경기나 대회에 참가하는 선수가 전략을 짤 때 중요하다. 트레이닝을 하는 시점과 회복에 대한 생체에너지학적 기초 지식이 바탕이 된 적절한 트레이닝은 트레이닝 프로그램을 진행시켜 나가는 데 있어 매우 중요한 요인이다.

따라서 중추신경 또는 말초신경의 촉진과 억제를 적절히 조절하기 위한 트레이닝 개념은 좀 더 깊이 있는 연구가 필요하다. 특히 헤만의 크기 원리는 근육에 가해지는 부하에 의해 운동 단위가 동원되는 기전에 관해 현재 우리가 이해하고 있는 상당 부분을 설명해 주고 있는 주된 개념으로, 트레이닝을 위해 깊이 있는 이해가 필요한 원리이다. 파워를 발달시키는 기본 기전은 운동선수들의 파워 역량과 운동수행능력을 향상시키기 위한 트레이닝 프로그램을 계획할 때 매우 중요한 통찰력을 제공한다.

4. 실무율 법칙

촉진성 신호가 근신경 연접에 도달했을 때, 만약 충분한 양의 신경전달물질(예 : 아세틸콜린)이 연접 후 수용체와 결합하면 에너지의 형태적 전환이 발생하고 근섬유들이 활성화된다. 운동 단위가 동원될 때 충분한 양의 촉진성 신경전달물질들이 결합하면 신경은 실무율 법칙All or none law에 따라 활성화된다. 즉, 안정 시 혹은 근섬유가 수축될 경우, 운동 단위에서는 일부 근섬유단이 활성화되거나 특정 근섬유만이 선택적으로 활성화되지 않는다. 연접 후 공간에서 촉진성 신경이 접촉되어 있다 해도 아세틸콜린 같은 촉진성 신호를 상쇄시킬 수 있는 억제성 신경전달물질을 생산하는 억제성 신경의 결합도 동시에 발견된다.

이러한 억제성 기전은 파워와 힘의 발현, 방향 전환 등과 같이 다양한 스포츠 기술을 펼치는 데 요구되는 활동에 적용될 수 있다. 따라서 골격근은 저속의 정밀한 움직임부터 빠르고 강력한 움직임에 이르기까지 다양한 수준과 형태의 파워를 생산해 낼 수 있다.

신경 전달 신호의 부호화 비율rate coding, 혹은 중추신경으로부터 운동 단위로 전달되는 신호의 빈도 역시 파워 산출의 필수적인 요소이다. 신호 전달의 빈도가 증가하면 더 큰 파워를 생산해 낼 수 있는데, 이는 운동 단위의 활성 비율이 증가하기 때문이며 순차적인 형태로 발생하는 힘의 지속적인 증가 때문이기도 하다. 근육이 완전히 이완되지 않는 정도로 신호 전달 빈도가 빠르다면 이전의 수축 활동이 일어나고 있는 동안 근섬유는 다시 자극받을 수 있다. 근수축은 이전의 수축에 더해져 나타나는데, 결과적으로 더 크고 강력한 수축을 유도한다.

    파워 산출 공식에서 힘의 요소는 파워의 발현에 기여하게 된다. 이러한 기전은 신호 전달의 빈도가 증가함에 따라 일종의 기여 영역 zone of contribution 을 갖는다. 특정 시점에는 파워에 기여하는 정도가 감소할 때가 있다. 근섬유가 이완되지 않는 수준으로 신호가 충분히 빠르게 전달될 경우, 반복적 자극에 따른 강축성 자극이 발생하거나 최대 수준의 힘이 생성된다. 이러한 현상은 전형적으로 힘-속도 곡선의 최정점에서 발생한다.

5. 근세사 활주 이론

 마이오신 필라멘트 위로 액틴 필라멘트가 미끄러지듯 이동함으로써 근육의 수축이 일어난다고 설명하는 근섬유 활주설이 현재까지 근육의 수축 과정을 가장 잘 설명하고 있는 이론이다. 운동 단위가 동원되고 안정막전압이 신경 전 연접의 말단으로 전달되면 신경전달물질인 아세틸콜린이 소포 vesicle 로부터 분비되어 근신경 연접으로 방출된다.

 방출된 신경전달물질은 근신경 연접 후 영역에 위치한 수용체에 결합하고, 이는 근섬유의 근섬유막에 결합하게 된다. 근섬유막에 위치한 채널들이 나트륨 이온의 유입을 위해 개방되고 궁극적으로 활동 전위가 발생하게 된다. 신경전달물질에 의해 발생된 활동 전위는 근섬유의 중심부로 향해 있는 T관 transverse tubule 을 통해 내려간다. 전하 electrical charge 는 근육세포의 근소포체로부터 칼슘이온이 근형질 sarcoplasm 로 방출되도록 관여하는 ATP에 의해 매개되는 펌프 기전을 억제한다. 활동 전압이 T관 내에 있는 디하이드로피리딘 dihydropyridine 수용체로 알려진 전압 센서들을 활성화시키고, 이는 근소포체로부터 세포질로 칼슘이온을 방출하기 위해 근소포체의 막에 존재하는 리아노딘 수용체로 알려진 칼슘채널을 자극한다.

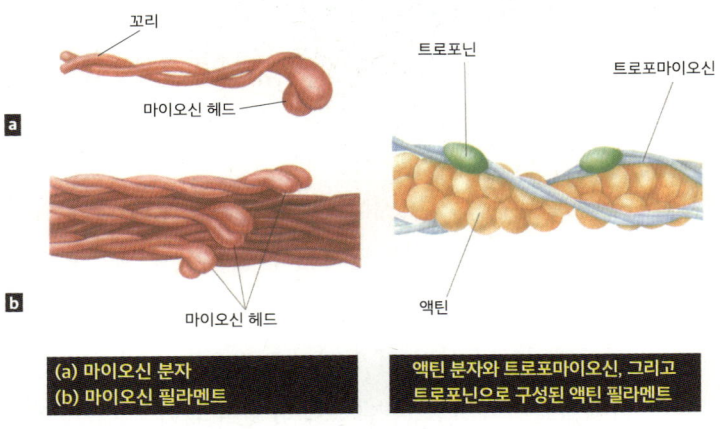

(a) 마이오신 분자
(b) 마이오신 필라멘트

액틴 분자와 트로포마이오신, 그리고 트로포닌으로 구성된 액틴 필라멘트

그림 3-4 근세사 - 액틴과 마이오신의 구조(「파워 운동생리학」, 2005)

　세포질 안으로 칼슘이온이 유입되면 트로포닌 복합체의 트로포닌 하위 단위에 결합하여 액틴 필라멘트의 활성 부위를 가로막고 있던 트로포마이오신의 구조적 변화가 일어나 활성 부위가 노출된다. 트로포마이오신 단백질의 방해로 인해 마이오신 십자형 가교는 액틴의 활성 부위에 약하게 결합되어 있지만, 트로포마이오신의 구조적 변화로 인해 개방된 액틴의 활성 부위에 마이오신은 점점 더 강하게 결합된다. 안정 시에는 일반적으로 마이오신 머리 부위에 ADP와 인산염 분자가 결합되어 있다. 액틴과 마이오신이 결합해 복합체가 형성된 이후에는 마이오신 머리로부터 인산염 분자가 유리되면서 에너지가 발생하여 마이오신 머리가 힌지가 작동하듯 한쪽 방향으로 꺾이면서 액틴 필라멘트를 근섬유 분절의 중앙으로 잡아당긴다. 이후 ADP 분자는 액틴 필라멘트 활성 부위에 강하게 결합되어 있는 마이오신 머리로부터 분리된다. 〈그림 3-4〉는 근세사, 액틴과 마이오신의 구조를, 〈표 3-1〉은 근육 수축의 단계별 변화 현상의 특징을 나타낸 것이다.

표 3-1 근육 수축의 단계별 변화

구 분	수축 현상
안정	• 장전되지 않은 ATP 십자형 가교가 확장된다. • 액틴과 마이오신의 결합이 일어나지 않는다. • 칼슘이 근질세망에 저장된다.
자극-결합	• 신경 자극이 발생한다. • 칼슘이 소포로부터 방출된다. • 칼슘이 트로포닌으로 스며들어 액틴을 변화시킨다. • 액틴과 마이오신이 결합하여 액토마이오신이 형성된다.
수축	• ATP가 ATPased의 작용으로 ADP+Pi로 분해되면서 에너지가 발생한다. • 에너지가 십자형교를 회전하게 한다. • 액틴이 마이오신으로 미끌어져 들어가고 근육이 짧아진다. • 힘이 발생한다.
재충전	• ATP가 재충전된다. • 액토마이오신이 액틴과 마이오신으로 분해된다. • 액틴과 마이오신이 재순환된다.
이완	• 신경 자극이 중지된다. • 칼슘펌프에 의해 칼슘이 제거된다. • 근육이 안정 상태로 돌아간다.

6. 파워 발현과 에너지 동원 체계

한 번의 스트로크로 안정 시 근육 길이의 약 1%만 짧아지기 때문에 근육이 완전히 수축하기 위해서는 위와 같은 과정이 계속해서 반복되어야 한다. 스트로크 이후, 마이오신 머리가 액틴 필라멘트의 활성 부위로부터 떨어지기 위해서는 ATP 분자와 결합해야만 한다. 마이오신 머리 부위의 대부분을 차지하고 있는 마이오신 ATP 분해 효소는 ATP 분자를 ADP와 인산염으로 가수분해하여 마이오신 머리가 원래의 자리로 돌아갈 수 있도록 한다. 모든 근수축의 초기 에너지원은 근섬유 내에 유리되어 있는 ATP이다. 그러나 근육 내에 저장된 ATP는 제한적이기 때문에 체내의 에너지 시스템을 사용하여 다시 보충해야 한다. 최대 파워는 ATP를 즉각적으로 이용할 수 있는 능력에 비례한다. 따라서 가장 우선적인 에너지원은 근육 내에 저장된 ATP와 크레아틴 인산으로 구성된 ATP-PC 시스템, 또는 즉각적인 화학 반응으로부터 생산된 ATP이다.

수 초의 짧은 시간 안에 강력한 근육 활동이 필요할 경우, 상당한 양의 ATP가 생산되고 즉각 보충되어야 한다. ATP는 글루코스의 무산소성 분해 과정(무산소성 해당 과정)과 유산소성 에너지 시스템으로부터 만들어질 수 있지만, 스포츠와 같이 높은 파워가 요구되는 동작이 많은 상황에서는 필요한 수준의 높은 에너지 요구량을 맞추기가 쉽지 않다.

결론적으로 스포츠 상황에서 ATP는 근육에 저장되어 있는 PCr을 활용하여 ATP-PCr 시스템을 통해 공급된다. ATP-PC 시스템에서 근수축 동안에 생산된 ADP는 크레아틴 인산화 효소에 의해 ATP로 다시 변환할 수 있는데, 이는 크레아틴 인산화 효소가 근육 내의 ADP와 PCr과의 반응을 촉진하기 때문이다.

이러한 과정은 약 2~10초간 지속되는 강도 높은 운동을 할 때 사용되는 ATP를 주로 생산하는 데 관여한다. 저장된 PCr은 최대 운동 시 초기 약 10초 안에 신속하게 고갈된다. 특정 근육에서는 저장된 PCr이 약 4초 안에 완전히 고갈되기도 한다. 일반적으로 근육에 저장된 PCr의 양은 완전히 고갈된 뒤 휴식기 1분 이후부터 보충되기 시작해 5~6분 내에 이전의 상태로 회복된다. 이때 적절한 크레아틴의 공급은 근육 내 크레아틴의 저장량을 증가시킴으로써 파워 및 파워를 지속적으로 내는 능력에 영향을 미칠 수 있다.

그러므로 체력 전문 지도자들은 최대 파워를 필요로 하는 트레이닝 프로그램을 기획할 때, ATP-PCr 시스템의 생체에너지학적 요소들을 고려해야만 한다. 이때 핵심은 파워를 최적으로 내기 위한 트레이닝을 수행할 때 세트 간의 휴식기를 충분히 늘려야 한다는 것이다. 또한 각각의 반복 동작의 수준을 높게 유지하기 위해서 각 세트 내 반복 횟수를 5회 이상으로 구성하지 않는 것이 좋다.

반복 횟수를 적게 하여 트레이닝을 할 경우, 낮은 파워로 트레이닝을 실시한다면 파워가 더 강해지는 것이 쉽지 않다. 트레이닝을 할 때 파워의 정도는 중요한 고려 사항인데, 트레이닝 전 파워 트레이닝을 했거나 이전에 실시했던 훈련으로 인한 피로가 누적되었다면 파워 트레이닝을 실시할 때 최대 파워를 내지 못하기 때문이다.

파워 산출을 최적화한다는 것은 반복 횟수를 줄이기 위한 하나의 변수이다. 이를 위해서는 휴식기를 적절히 가져야 하므로 선수들은 최적의 트레이닝을 위해 효과적으로 휴식을 취해야 한다.

7. 근섬유 형태와 특징

ATP의 가용 능력이 피로를 예방하는 데 중요하게 작용하지만, 마이오신 ATP 분해 효소가 ATP를 분해하는 비율이 피로를 예측할 수 있는 지표이다. 이것은 비록 충분하지 못한 ATP는 운동수행능력을 저해할 수 있는 요인이지만, 과잉의 ATP가 파워를 내는 데 생리학적으로 반드시 부가적 이득이 되진 않는다는 것을 의미한다.

마이오신 ATP 분해 효소는 다양한 종류의 이성질체가 존재하는데, 각각은 서로 다른 기능적 특징을 갖는다. 마이오신 ATP 분해 효소의 이성질체들은 각각 특정 비율로 ATP를 분해함으로써 수축 속도에 영향을 미치고, 궁극적으로 파워에 영향을 준다.

마이오신 ATP 분해 효소의 특정 이성질체는 근섬유의 종류를 구분하는 데 사용하기도 한다. 마이오신 ATP 분해 효소를 조직학적으로 분석할 경우, 적출된 근육의 횡단면은 pH 4.3, 4.6, 10에 노출되고 염색된다. 특정 pH에 노출된 각각의 근섬유가 염색된 정도는 근섬유의 종류를 나타내는데, 이는 다른 컨디션 하에서 마이오신 ATP 분해 효소가 염색된 정도에 따른 결과이다(Staron et al., 2000).

근섬유의 종류는 가장 산화적 근육인 Type I부터 Type IC, Type IIC, Type IIA, Type IIAX, Type IIX로 구분된다. 또한 pH를 조절하는 실험 방법에 따라 Type II 근섬유 간에 미세한 변화가 있는 근섬유들이 관찰된다. 근섬유 염색의 예시는 〈그림 3-5〉에서 확인할 수 있다.

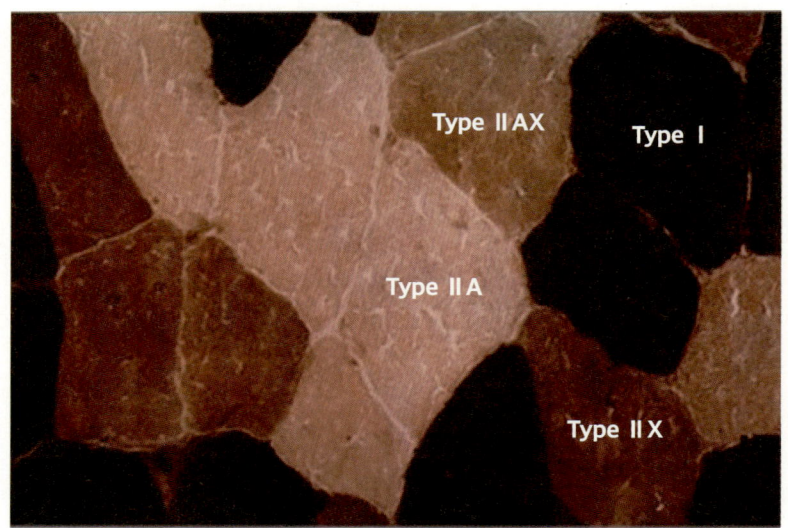

그림 3-5 마이오신 ATP 분해 효소 염색 기법에 의한 근섬유 형태 분석
(Kraemer & Looney, 2012)

　근섬유 형태별 마이오신 ATP 분해 효소가 ATP를 분해할 수 있는 비율은 근섬유의 산화적 능력과 반비례한다. 이는 Type II 근섬유의 하위 종류들이 매우 큰 파워를 낼 수 있는 능력이 있지만, 피로에 더 취약하고 세포 내 환경이 산성화되었을 때 이를 중화시킬 수 있는 능력이 약하다는 것을 의미한다. 그러나 Type II 근섬유는 상당한 양의 ATP와 PCr이 저장되어 있고, 해당 과정 효소들이 활성화되어 있기 때문에 단기간의 반복적인 고강도 운동에 더 적합하다.
　운동의 기능적 단위를 이루는 근섬유 종류의 비율은 동작에 관여하는 근육의 역할 및 개인의 특성에 따라 다양하다. 예를 들면 주로 자세를 지탱하는 데 관여하는 복부 근육은 Type I 근섬유 위주로 구성된 반면, 외측광근과 같이 운동할 때 주로 사용되는 주동근이나 보행에 관여하는 근육들은 일반적으로 Type I 근섬유의 비율이 Type II의 40~60%로 구성되어 있다(Staron et al., 2000).

 Type I 또는 Type II 근섬유 중 근육 내에서 어느 한쪽이 차지하는 비중이 더 높다면 그에 특화된 종목 선수로서의 잠재력을 지니고 있다고 할 수 있다. 엘리트 마라톤 선수의 경우에는 Type I 근섬유의 비율이 최대 80~90%까지 나타난다. 이러한 근섬유의 구성 덕분에 선수들이 2시간 10분 이내에 마라톤 코스를 완주할 수 있는 생리학적 능력을 갖게 된 것이다. 전체 운동 단위의 80% 이상을 동원해야 하는 경우, Type II 근섬유의 비율이 높다면 이처럼 긴 거리를 달릴 때 대사적·역학적으로 비효율적이므로 더 쉽게 피로를 느끼게 될 것이다. 반대로 선수의 주동근 내 Type II 근섬유의 비율이 더 높지 않다면, 높은 수준의 파워를 내기가 어렵다. 현재까지는 Type II 근섬유의 비율이 70% 이상의 극도로 높은 경우는 존재하지 않는다고 알려져 있다.

 근육 내의 특정 근섬유가 차지하는 비중에 대한 개념은 중요하다. 예를 들어 Type I 근섬유의 비율이 50%를 차지하지만, Type I 근섬유 네 개가 Type II 근섬유 한 개가 차지하는 범위와 비슷하여 근섬유 자체의 횡단면이 곧 근육이 차지하는 범위가 된다. Type II 근섬유의 횡단 면적은 약 1만 제곱마이크로미터까지 나타날 수 있는 반면, Type I 근섬유는 약 3,000~5,000 제곱마이크로미터로 보인다(Kraemer & Looney, 2012).

남녀 간의 근섬유 형태 비율은 유사하지만 남성의 근섬유 횡단면적은 일반적으로 여성보다 더 크다. Type IIA 근섬유는 남성의 근육에서 가장 큰 근육이고 지속적인 저항성 트레이닝 프로그램 후에 우선적으로 발달된다. 트레이닝되지 않은 여성의 경우, Type I 근섬유가 Type II 근섬유보다 크지만 트레이닝 후에는 이와 반대로 Type II 근섬유가 더 커진다. 심지어 여성 보디빌더들은 일반 남성보다 근섬유가 작은 경향이 있다. 현재까지 남성과 여성 간의 근섬유 크기 차이는 인체 생리학적 관점에서 성별과 관련된 차이를 설명해 주는 좋은 예이다. 근섬유 형태의 구성과 면적은 특정 종목에서 선수들의 경기력을 결정짓는 데 중요한 역할을 한다.

근섬유의 구성은 유전학적으로 결정되는 것으로 여겨지기 때문에 Type I 근섬유에서 Type II 근섬유, 또는 반대 경우로의 변화는 쉽게 일어나지 않는 것으로 보인다. 다만, 근육이 손상되거나 복구가 진행될 때 신경의 발화로 인해 약간의 변화는 있을 수 있다. 예외적으로 노화에 따른 Type II 운동 단위의 소멸이 일어날 수도 있다. 근섬유 형태 간의 변화와 달리, Type I과 Type II 근섬유의 아형 subtype들의 변화는 트레이닝에 의해 일어날 수 있다. 트레이닝되지 않은 사람들 대부분의 Type II 근섬유는 주로 II 아형(Type IIA, Type II AX, Type II X)으로 분류된다.

하지만 Type IIA와 연관된 운동 단위를 활성화시킬 수 있는 트레이닝 후, Type IIA로의 변화가 수반될 수 있다. 효과적인 트레이닝이 선행된다면 거의 모든 Type II 근섬유가 Type IIAX, Type IIX로 전환될 수 있다는 연구 결과도 있다. 저항성 트레이닝 프로그램의 운동 강도가 각 근섬유 형태와 연관된 운동 단위를 자극할 수 있는 높은 강도를 유지할 수 있다면 그에 상응하는 근섬유 형태의 변화를 만들어낼 수 있을 것이다.

축구선수를 위한 웨이트 트레이닝

IV 파워 향상을 위한 트레이닝 원리

높은 수준의 파워를 발휘하는 능력은 점프, 던지기, 방향 전환 같은 다양한 스포츠 관련 동작을 성공적으로 수행해 내기 위한 기본적인 능력 중 하나로 인식되고 있다. 선수들이 높은 수준의 파워를 내고 스포츠와 관련된 전체적인 운동수행능력을 향상시킬 수 있도록 하기 위해 많은 트레이닝 방법이 제시되었다.

스포츠에서는 상대적으로 단기간에 큰 힘을 발휘할 수 있는 능력이 필요하다. 폭발적으로 힘을 발휘하는 능력(순발력, high rates of force development)은 선수들의 전체적인 근력 수준과 높은 수준의 파워를 내는 능력 등과 관련이 있다. 스톤Stone과 동료 연구자들은(2002) 순발력과 강력한 파워를 내는 능력은 대부분의 스포츠에서 성공적인 운동 능력의 발현을 위해 매우 중요한 요소라고 하였다. 이러한 능력들은 특히 점프, 방향 전환 및 스프린트 동작 같은 활동이 있는 스포츠 퍼포먼스에서 특히 중요하게 작용한다. 스포츠와 관련된 동작들과 강력한 파워를 내는 능력 간의 전체적인 관계는 여러 연구 논문들을 통해서도 잘 정립되어 있다(Hansen et al., 2011; Peterson et al., 2006; Stone et al., 2002).

여자 농구, 배구, 소프트볼과 같은 종목들을 살펴보았을 때에도 최대 근력 및 최대 파워와 민첩성 테스트 시간 사이에 유의미한 상관 관계가 나타난다. 남자 농구 및 배구 선수들과 여자 농구·배구·

소프트볼 선수들을 일괄적으로 그룹화하여 조사한 결과, 백스쿼트 back squat 근력은 최대 파워 및 민첩성과 높은 상관 관계가 있는 것으로 나타났다(Peterson et al., 2006).

현대의 과학적 지식을 바탕으로 살펴보았을 때, 순발력과 최대 근력, 최대 파워를 내는 능력은 모두 근력과 컨디셔닝 프로그램을 수행할 때 반드시 발달시켜야 하는 중요한 특성이다. 그러나 저항성 트레이닝을 통해 파워를 내는 능력을 끌어올릴 때, 앞서 언급한 최대 근력과 파워와의 관계 등의 특성들을 우선적으로 고려해야 하는지에 대해서는 논란의 여지가 있다.

예를 들면 몇몇 연구자들은 적절한 수준의 근력이 발달되었을 때, 계속해서 근력을 키운다면 트레이닝에 따른 이득이 점차 줄어들 수 있다고 강조한다. 반면에 또 다른 연구자들은 최대 근력이 파워를 내는 능력에 계층적 방식으로 영향을 미친다고 주장한다. 트레이닝의 부하가 낮아질수록 파워를 내는 데 있어 최대 근력의 영향도 상쇄된다는 것이다. 개념적으로 트레이닝 부하가 감소할수록 최대 근력의 영향은 감소하고 순발력에 의한 파워가 더 우선적으로 발생한다. 이러한 관계는 종종 '최적의 부하 the optimal load'라고 일컬어지는 부하에서 수행하는, 강도 높은 운동으로 파워를 발달시키려 할 때 주요 논의 대상이 된다(Cronin & Sleivert, 2005; Kawamori & Haff, 2004).

일반적으로 파워를 최대로 내려고 할 때 고려되는 세 가지 주요 이론이 있다. 첫 번째는 1RM의 50% 이하의 낮은 강도로 운동을 하는 것이 파워를 내는 능력을 발달시키는 데 최적이라는 학설이 있는가 하면, 두 번째는 1RM의 50~70% 강도로 운동해야만 한다는 학설이 있다. 마지막으로 파워를 발달시키기 위해서는 다양한 강도와 종류의 운동을 혼합하여 주기적인 형태로 수행해야 한다는 학설이 있다.

비록 각각의 학설이 저강도, 고강도, 복합 트레이닝을 사용하는 데 있어 충분히 납득할 만한 근거를 제시하지만, 근력 및 컨디셔닝 전문가들이 순발력을 내거나 최대 근력을 최적화할 때 적용하기 위한 트레이닝 방법을 결정하는 데에 종종 어려움을 겪게 된다.

파워 발현을 최적화하기 위해 고려해야 할 요인과 파워 향상을 위한 주기화 트레이닝 프로그램을 계획할 때 참조해야 할 주요 요인을 살펴보기로 하자.

1. 기계적 파워

최대 파워를 내는 데 기여하는 주요 트레이닝 요인들을 이해하기 위해서는 파워에 대한 정확한 정의와 산출 요인을 아는 것이 중요하다. 기계적 파워mechanical power는 때로는 일률로 나타내며, 힘force과 속도의 곱으로 나타낼 수 있다(Knudson, 2009).

파워 = 일 / 시간
 = (힘 X 거리) / 시간
 = 힘 X 속도

이러한 수학 공식에 기초해 보면, 선수들이 강력한 파워를 내는 능력에 영향을 미치는 두 가지 요인은 강력한 힘을 신속하게 발휘하는 능력과 빠른 수축 속도라는 것을 알 수 있다.

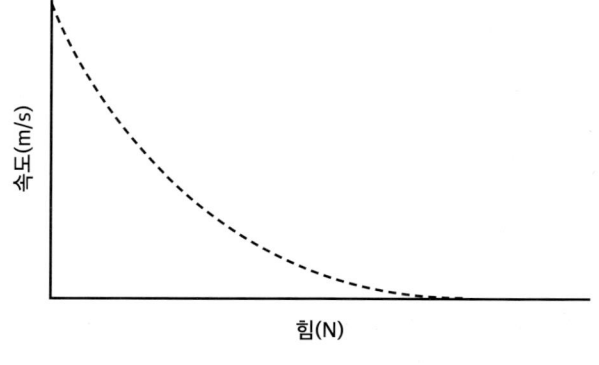

그림 4-1 힘-속도 곡선

근육이 낼 수 있는 힘과 수축하는 속도 간의 역상관 관계는 〈그림 4-1〉에 나타난 것과 같다. 이때 근육의 수축 활동으로 발생할 수 있는 힘의 크기는 움직이는 속도가 빨라질수록 감소한다. 최대 파워와 관련해 힘과 속도는 상호의존적 관계로, 힘과 속도가 적절히 균형을 이루었을 때 최대 파워가 발현된다(그림 4-2). 파워와 힘과 속도의 관계는 수직 점프를 할 때의 힘·속도·파워의 변화를 통해 분명하게 알 수 있는데, 최대 파워는 최대 힘 또는 최대 속도에서는 나타나지 않는다. 궁극적으로 선수가 점프 동작을 할 때 속도를 내려고 할수록 힘을 활용할 수 있는 시간은 짧아진다. 이는 곧 파워를 내는 데 있어 힘을 내는 속도의 중요성을 말해 준다.

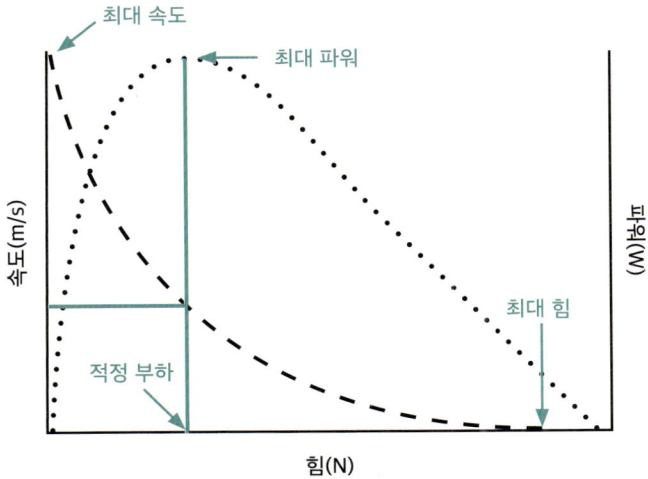

그림 4-2 힘-속도, 힘-파워, 속도-파워와 적정 부하의 관계
(Haff & Nimphius, 2012)

따라서 파워를 향상시키는 훈련을 할 때, 세 가지 요소를 반드시 고려해야 한다. 첫째, 순발력과 파워를 내는 능력 간에는 직접적인 관련이 있기 때문에 반드시 전체적인 근력 muscular strength 이 최대치에 도달해야 한다. 둘째, 매우 짧은 시간 안에 큰 힘을 내는 능력을 발달시키는 것이 중요하다. 이는 곧 빠르게 힘을 내는 능력인 순발력 rate of force development 이다. 마지막으로, 수축 속도가 증가할수록 큰 힘을 발휘하는 능력을 키우는 것이 중요하다. 각각의 요소를 자세히 살펴보면 각 요소들이 강력한 파워를 내는 데 중요하게 작용하는 근력과 깊은 관계가 있다는 것을 알 수 있다 (Haff et al., 2005).

2. 최대 근력

근력은 파워를 발달시키기 위해 필요한 기본 요소 중 하나이다. 근력과 파워의 관계를 보여 주는 긍정적인 예는 근력이 강한 사람이 상대적으로 약한 사람에 비해 더 빠르게 힘을 낼 수 있다는 것이다. 일반적으로 근력이 약한 선수들은 강력한 파워를 내기에 충분한 근력을 갖고 있지 못하다. 이러한 경우에는 단순히 근력을 증가시킴으로써 파워의 증가를 꾀할 수 있고, 또한 전통적으로 파워를 발달시키는 운동을 따로 하지 않고도 가능하다.

코미Cormie와 동료 연구자들(2010; 2011a; 2011b)은 이를 뒷받침하는 연구에서 근력이 약한 선수가 점프 동작을 할 때 파워를 증가시키기 위해서 최대 근력maximal strength을 증가시키는 훈련이 매우 효과적인 방법이라고 했다. 즉 근력이 약한 선수의 경우, 전체 근력 수준을 최대로 향상시키기 위한 근력 트레이닝은 결과적으로 근육의 파워를 증대시키고 궁극적으로 경기력 향상으로 연결된다는 것이다. 일단 선수가 적정 수준의 근력에 도달하면, 파워를 발달시키기 위해 계획된 플라이오메트릭 트레이닝, 가속 탄성 트레이닝ballistic training, 복합 트레이닝, 또는 대조 트레이닝contrast training과 같이 다양한 형태의 트레이닝을 통해 효과를 최대로 높일 수 있다. 실제로 근력이 강한 선수들은 일반적으로 플라이오메트릭 트레이닝이나 순발력 트레이닝explosive training과 같이 파워를 기반으로 하는 트레이닝을 하면 효과가 더 크게 나타난다.

　근력을 최대로 끌어올리는 것은 파워를 최대로 발달시키기 위해 모든 트레이닝 프로그램을 수행하는 데 있어 가장 중요한 부분이다. 그러나 실제로 적절한 근력 수준이 언제 이루어지는지, 혹은 언제 더 특화된 파워 향상 프로그램으로 전환해야 하는지를 결정하는 것은 매우 어려운 문제이다. 관련 연구 결과를 살펴보면 체중의 2배 가량의 무게로 스쿼트 동작을 하는 선수는 그렇지 못한 선수들에 비해 수직도와 멀리뛰기를 할 때 더 강한 파워를 낼 수 있다. 비쉐르프와 그의 동료들(Wisløff et al., 2004)에 따르면, 체중의 2배 이상의 스쿼트가 가능한 축구선수들은 그렇지 못한 선수들에 비해 더 빠르고 높게 점프를 할 수 있다고 한다. 케이너와 동료 연구자들(Keiner et al., 2013)은 16~19세 유소년 선수들의 경우, 적절히 구조화되고 계획된 트레이닝을 받는다면 체중의 최소 2배를 이용한 백스쿼트를 쉽게 할 수 있게 된다고 밝혔다.

　근력-파워 강화 프로그램을 수행한다면 체중의 2배 이상의 스쿼트가 가능한 선수들은 엄청난 잠재력을 발휘할 수 있다. 체중의 2배에 해당하는 수치는 남녀 운동선수들이 달성해야 하는, 최소한으로 권장되는 근력 수준이다. 물론 최소 권장 근력에 도달하지 못한 선수들이라고 하여 점프 동작, 스프린트 혹은 근력 훈련을 하지 말아야 한다는 의미는 아니다. 또한 이러한 수준의 근력에 도달했다고 해서 더 이상의 근력 발달이 불필요하다거나 효과가 없다는 것을 의미하는 것도 아니다. 사실상 근력이 강한 선수들에게 트레이닝 중 근력 발달에 대한 부분을 통제하면 선수의 근력은 빠르게 감소한다.

이는 강력한 파워와 스프린트, 또는 빠른 방향 전환 능력도 감소될 수 있음을 의미한다. 선수들이 권장 수준의 근력에 이르게 되면 근력-파워 강화 복합 트레이닝 같은, 파워에 특화된 트레이닝이나 점프 스쿼트와 같은 가속 탄성 트레이닝으로 얻을 수 있는 효과를 더 많이 거둘 수 있다. 체중의 최소 2배에 해당하는 백스쿼트를 할 수 있는 능력은 하체 파워 발달 트레이닝 프로그램을 실시하기 전에 갖춰야 할 기본 요인이기도 하다.

결론적으로 최대 근력과 파워의 관계는 경기력 향상을 위한 저항성 트레이닝을 계획할 때 반드시 고려해야 할 사항이다. 특히 체력 전문 지도자들은 최대 근력이 스포츠 경기 상황의 다양한 동작 시 요구되는 강한 파워를 발달시키는 데 반드시 필요한 요소라는 것을 인식해야만 한다. 따라서 선수들의 최대 근력을 발달시켜야 한다는 사실을 간과해서는 안 되며, 트레이닝 과정에 반드시 포함시켜야 한다.

3. 순발력

힘을 빠르게 발휘하는 순발력rate of force development 또는 폭발적 근력explosive muscle strength은 스포츠 관련 동작을 할 때 발생하는 힘의 비율로 묘사된다. 일반적으로 순발력은 힘(force)-시간(∆force / ∆time) 그래프의 기울기로 정해진다(그림 4-3).

이 기울기는 다양한 방법으로 나타낼 수 있는데, 예를 들면 20밀리초millisecond당 힘 변화의 최대치 또는 0에서 200밀리초 구간에서의 곡선 기울기 등으로 나타낼 수 있다.

순발력은 계산하는 방법과 상관없이 빠르고 강한 근육 수축 시에 기능적으로 중요한 의미를 갖는다. 예를 들어 점프, 스프린트, 방향

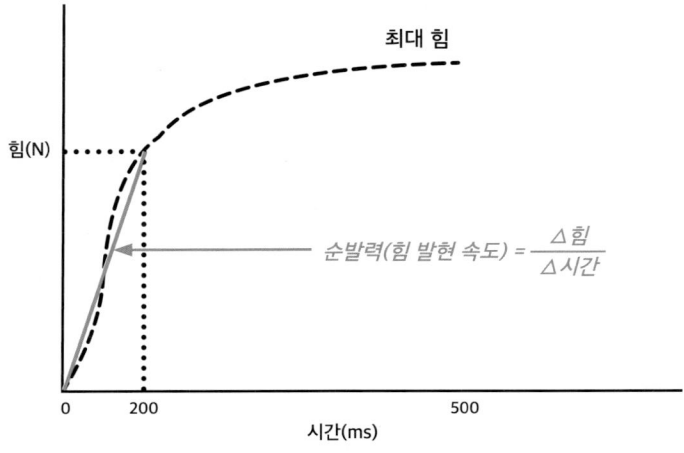

그림 4-3 등척성 근력-시간 관계 곡선(Haff & Nimphius, 2012)

전환 같은 빠른 동작들은 수축 시간이 50~250밀리초 가량 소요되는데, 이러한 짧은 수축 시간은 최대 힘을 발휘하기에 충분하지 않다. 그 이유는 최대 수축을 내는 데는 300밀리초 이상의 시간이 소요되기 때문이다. 이러한 이유로 일부 연구자들은 순발력을 발달시키거나 전체적인 파워를 향상시키기 위해서는 빠른 속도 위주의 트레이닝인 가속 탄성 트레이닝 형태로 가벼운 무게를 이용해 훈련할 것을 추천한다.

트레이닝 방법에는 여러 가지가 있는데, 고중량을 활용한 저항성 운동은 근력이 약하거나 트레이닝되지 않은 개인의 최대 등척성 힘과 순발력을 증대시킬 수 있다. 고강도의 저항성 운동이 선수들의 근력을 증가시키고 순발력에 긍정적인 영향을 미칠 수 있지만, 더 강하고 경험이 많은 선수들일수록 속도를 고려한 형태의 운동인 가속 탄성 운동ballistic exercise과 폭발적인 움직임으로 구성된 운동explosive exercise을 적절하게 배합할 경우 순발력과 파워를 더 효과적으로 발달시킬 수 있다. 이처럼 다양한 형태의 트레이닝은 힘-시간 관계 곡선 상의 각기 다른 부분에 영향을 미칠 가능성이 존재한다(그림 4-4).

예를 들면 강도 높은 저항성 운동은 최대 힘force과 순발력을 내는 능력을 발달시킨다. 반대로 가속 또는 폭발적 트레이닝은 강도 높은 저항성 운동을 할 때나 트레이닝되지 않은 경우에 비해 더 큰 효과를 얻을 수 있다. 그러나 가속 탄성 트레이닝은 최대 근력에서 고강도 저항성 트레이닝 정도만큼 효과가 나지는 않는다. 따라서 복합 트레이닝은 순발력이나 파워를 최대화하려고 할 때 권장된다(그림 4-5).

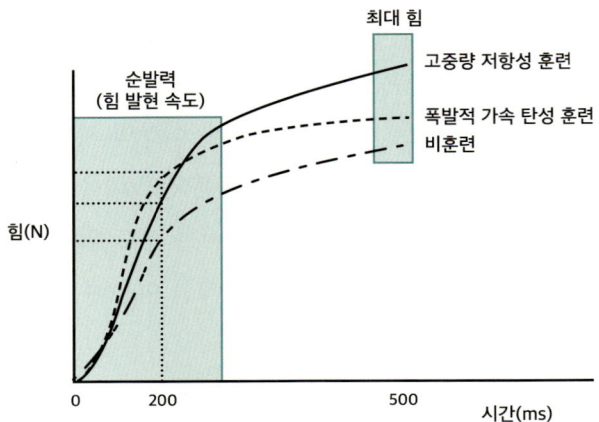

그림 4-4 순발력과 최대 근력 발현을 고려한 등척성 근력-시간 관계 곡선
(Haff & Nimphius, 2012)

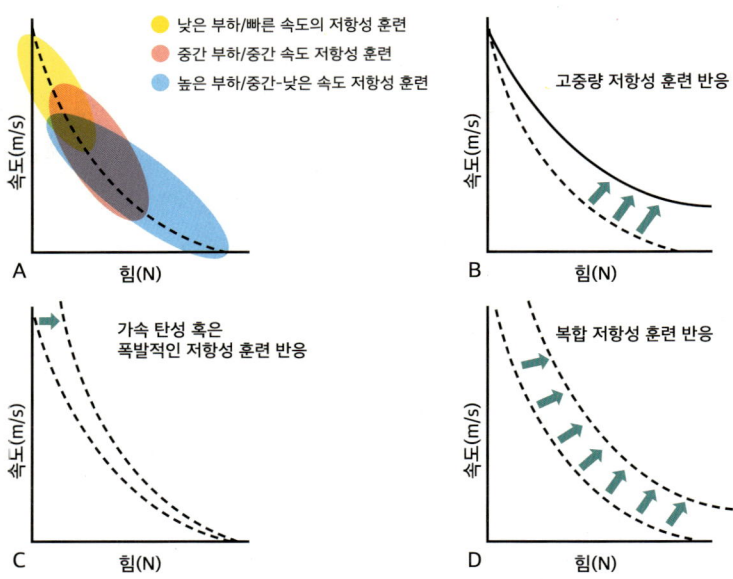

그림 4-5 잠재적 트레이닝 효과에 따른 힘-속도 곡선의 변화
(Haff & Nimphius, 2012)

4. 적정 부하와 근력 및 파워의 발달

적정 부하the optimal load는 특정 동작에서 최대 파워를 낸다는 점에서 파워를 향상시키는 효과적인 자극제이다. 그러나 이에 대한 자세한 연구는 드문 실정이다. 토지와 카네코(Toji & Kaneko, 2004)는 최대 파워를 향상시키는 훈련을 할 때, 적정 부하에서 트레이닝을 하는 것은 고중량 또는 복합적으로 부하를 부과하는 트레이닝보다 효과적이지 못할 수 있다고 발표하기도 했다.

이론적으로 적정 수준 또는 이와 유사한 강도에서의 트레이닝은 운동수행능력을 향상시키는 데 좋은 방법으로 여기지만, 운동선수들은 중량의 부하가 있는 상태에서 강력한 파워를 낼 수 있는 능력이 필요하기 때문에 신체의 운동 능력에 대한 최근의 여러 연구 결과들은 적정 부하 수준의 운동 강도에서 트레이닝을 하는 것에 대한 부정적 의견을 제시하였다. 예를 들면 럭비 선수의 경우, 선수들의 수준 차이를 구분하는 주요 요인으로 종합적인 근력과 부하가 있는 상황에서 강력한 파워를 낼 수 있는 능력을 들 수 있다.

따라서 이러한 종류의 종목 선수들은 큰 힘을 내는 것뿐만 아니라 부하가 걸린 상황에서 강력한 파워를 발산하는 능력도 매우 중요하다. 적정 부하보다 높은 수준의 부하를 주게 되면 부하가 걸린 상황에서 강한 파워를 내는 능력을 증대시킬 수 있다. 예를 들어 1RM 80% 이상의 고강도로 트레이닝할 경우, 60% 1RM의 부하가 있는 상황에서는 30% 1RM 이하의 저강도 트레이닝에 비해 더 큰 파워를 낼 수 있다. 근력이 더 강한 선수는 부하가 있는 상황에서 더 큰 파워를 낼 수 있기 때문에 미식축구·럭비와 같은 종목의 선수들이 근력을 향상시키는 트레이닝 프로그램을 수행하는 데 집중하는 것은 당연한 현상이다(Haff & Nimphius, 2012).

최대 근력을 전반적으로 발달시키려 할 때, 파워 향상 트레이닝 시 적용했던 적정 부하에서의 운동은 근력의 발달을 저해하는 요인이 될 수 있다. 이는 최대 파워를 내야만 하는 종목의 선수들에게는 유의미한 영향을 미칠 수 있다. 적정 부하에서의 트레이닝은 오직 트레이닝이 이루어진 수준에서만 파워를 최대화할 수 있다는 내재적 한계도 갖고 있다. 이것은 부하가 가중되는 다양한 상황에서 선수들이 최대 파워를 내는 능력을 제한함으로써 종목과 관련된 운동을 하는 데 영향을 미치게 된다.

많은 선수들은 부하가 있는 상황이거나 없는 상황에서조차 파워를 발산할 수 있는 기량이 요구되기 때문에 앞서 말한 점들은 선수들이 실력을 발휘하는 데 한계로 작용할 것이다. 부하가 적용되지 않는 상황으로는 스프린트, 스쿼트 점프와 같은 동작들처럼 주로 선수 본인의 체중에서 기인한 물리적 힘을 극복해 내는 동작들로 이루어져 있다.

이에 반해 부하가 적용된 상황으로는 미식축구·럭비·레슬링과 같이 상대방과 직접 접촉이 있는 종목들, 또는 체중이 실린 움직임(무게 X 속도) 도중 방향을 전환하기 위해 이전 동작보다 더 큰 힘이 필요한 동작이 요구되는 경우를 예로 들 수 있다. 부하가 있는 상황과 없는 상황에 대한 비교 분석은 힘-속도의 관점에서 보았을 때 다양한 부하의 상황에서 파워를 발달시켜야 하는 이유를 잘 보여 준다. 비록 속도는 더 높은 부하에서 줄어들게 되지만, 궁극적인 목적은 경기 중이나 트레이닝을 할 때 어떠한 부하가 주어지더라도 항상 최대 속도로 동작을 구사하는 것이다.

경기 상황과 마찬가지로 어떤 부하에서도 최대 파워를 낼 수 있는 능력을 향상시키기 위해서는 트레이닝을 할 때 부하를 적절하게 적용할 수 있는 전략이 필요하다. 이때 부하의 범위는 부하가 없는 상태를 포함해 다양한 부하가 적용되어야 하는데, 이는 힘-속도의 관점에서 전체적인 발달을 이루기 위해서이다. 이러한 목표를 달성하기 위해서는 적절한 연속적 주기화 모델을 적용해야 한다.

5. 적절한 파워를 위한 복합 훈련법

관련 문헌들을 통해 근력 또는 파워의 발달과 같이 어느 한 부분만을 강조한 트레이닝 방법은 파워나 근력뿐만 아니라 전체적인 스포츠의 운동수행능력을 향상시키는 데 적절하지 않다는 것을 알 수 있다. 따라서 파워를 최대로 끌어올리기 위해서는 복합 훈련이 추천된다. 파워를 내는 능력을 향상시키기 위해 복합 훈련법을 사용한다면 이는 힘-속도의 측면 요인들을 다방면으로 발달시킬 수 있기 때문에 최대 파워를 증가시키거나 트레이닝 효과를 경기력으로 전환하는 데도 매우 효과적이다(그림 4-6).

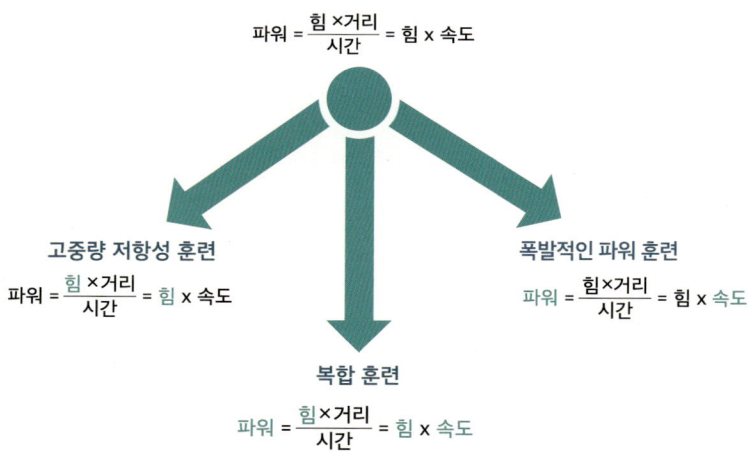

그림 4-6 파워, 근력, 속도 향상을 위한 트레이닝 방법의 관련성
(Haff & Nimphius, 2012)

이론적으로 저강도-고속으로 이루어지는 동작은 힘-속도 그래프 상의 빠른 속도의 영역에 영향을 미치는 데 반해, 고중량의 부하는 큰 힘과 관련된 부분을 향상시킨다. 따라서 복합 훈련법은 힘-속도 관계 전반에 걸쳐 좀 더 완벽한 적응을 하도록 할 수 있다.

복합 훈련법의 적용에 관한 의미 있는 과학적 근거는 최대 파워와 선수의 운동수행능력을 가늠하는 다양한 지표들이 탁월하게 향상된 연구 결과에서 찾아볼 수 있다. 예를 들어 코미와 그의 동료들(Cormie et al., 2007)은 복합 훈련법이 부하가 주어진 다양한 활동에서 파워가 향상되고, 파워나 근력만을 트레이닝하는 단일 방법보다 최대 근력을 매우 탁월하게 향상시킬 수 있다고 보고하였다. 복합 훈련법을 적용하는 방법의 하나로 다양한 트레이닝의 부하를 활용하는 것이다. 백스쿼트를 할 경우, 파워의 발달은 1RM의 30~70% 사이에서 일어날 수 있는 반면, 더 무거운 중량(1RM의 75%)은 일반적인 근력 발달에 적용될 수 있다. 만약 선수들이 근력 발달을 위해 1RM의 80~85% 강도로 세트를 수행하고 있다면 준비운동으로서 최대하 부하로 백스쿼트를 수행하는 것이 좋다. 최대하 부하를 폭발적으로 실시한다면 파워를 발휘하는 능력을 발달시키는 데 매우 효과적일 것이다.

이러한 방식의 트레이닝은 선수들이 더 빠른 속도로 운동을 하게끔 독려하는 효과가 있다. 이렇듯 준비운동 중 최대하 부하를 가능한 더 빠르게 폭발적으로 들어올리게 하면 다양한 부하에 걸쳐 파워를 발달시킬 수 있게 된다.

따라서 근력을 발달시키기 위해 적용하는 운동을 준비운동 세트

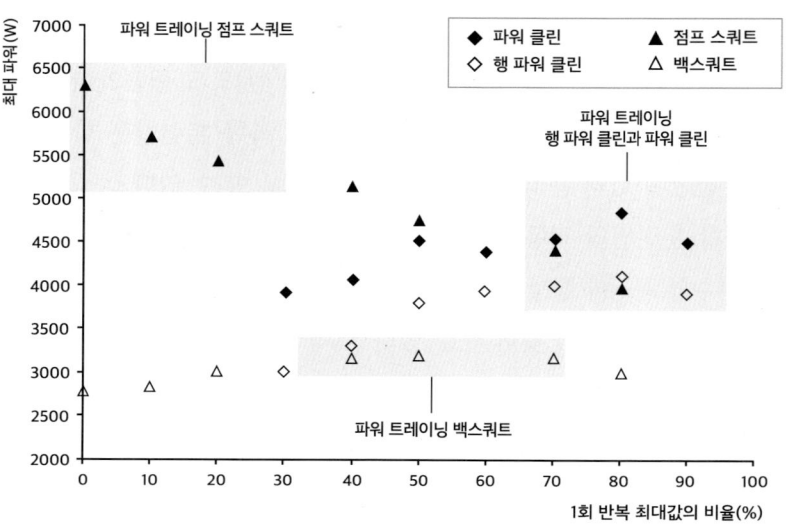

그림 4-7 파워 존과 다양한 저항 운동 동작의 관련 정도
(Haff & Nimphius, 2012)

에 포함시킴으로써 효과적인 파워 트레이닝도 동시에 할 수 있다 (그림 4-7).

　파워를 발달시키기 위한 두 번째 전략은 힘-속도 그래프상의 다양한 부분을 발달시키기 위해 각각 다른 부하의 강도에서 다양한 종류의 운동을 하는 복합 운동법을 적용하는 것이다. 효과적인 플라이오메트릭 운동으로 잘 알려진, 부하가 없는 상태에서 수행하는 스쿼트 점프는 힘-속도 그래프에서 적은 힘-높은 속도의 구간에서 파워를 발달시키는 데 효과적이다. 이는 1RM의 0~30% 가량의 부하에서 운동을 실시할 때와 같은 효과를 낸다. 반대로 스쿼트를 할 때 중·고강도(1RM의 70~90%)를 적용하면 힘-속도 그래프상에서 힘이 크게 작용하는 구간에서 파워를 발달시킬 수 있다. 파워 클린power clean 동작을 수행할 때, 1RM의 70~90% 부하를 적용하는 것은 힘-속도 그래프상의 대부분을 발달시키는 데 도움을 준다.

파워를 발달시키기 위한 세 번째 전략으로는 근력 트레이닝 관련 동작이나 그와 유사한 동작(예 : 점프 스쿼트), 또는 전형적인 근력 발달 운동 같은 다양한 리프팅 동작을 적용하는 것이다. 이러한 형태의 운동은 각각 다른 상황에서 파워를 발달시키는 효과가 있다. 각각의 운동은 각각 다른 힘-속도 구간과 관련이 있기 때문에 체력 전문 지도자들이 복합 운동법의 세션을 다양한 운등들을 순차적으로 수행할 수 있도록 구성할 수 있다. 예를 들면, 여러 형태의 운동들은 각각 다른 측면의 파워를 발달시킬 수 있기 때문에 트레이닝 프로그램을 다양한 종류의 트레이닝 방법으로 구성하는 것이다(표 4-1).

표 4-1 파워 향상을 위한 복합 트레이닝 방법의 예

운 동	세트 x 반복 횟수	부하 (%, 1RM)	운동 형태
파워 클린	3 x 5	75-85	큰 힘과 빠른 속도
백스쿼트	3 x 5	80-85	큰 힘과 느린 속도
점프 스쿼트	3 x 5	0-30	적은 힘과 빠른 속도
뎁스 점프	3 x 5	0	큰 힘과 빠른 속도

백스쿼트는 힘-속도 그래프상에서 큰 힘-낮은 속도 부분과 더불어 근력을 발달시키는 데 효과적인 반면, 파워 클린 동작은 큰 힘-

빠른 속도에 해당하는 영역을 발달시키는 데 효과적이다. 트레이닝 프로그램에 점프 스쿼트를 포함하면 적은 힘-빠른 속도 영역을 최대로 발달시킬 수 있다.

앞서 살펴본 세 가지 방법 말고도 역도 종목에서 사용하는 인상과 용상 동작 같은 근력 발달 운동과 이와 유사한 형태의 당기는 동작들을 트레이닝 프로그램에 활용하면 힘-속도 그래프상의 거의 모든 부분을 좀 더 고르게 발달시킬 수 있다(표 4-2). 근력 강화 운동과 그와 유사한 형태의 운동들은 근력과 파워의 속성을 발달시킬 때 특히 중요하며, 파워를 발달시키기 위한 다른 방법들과 비교해 더 뛰어난 운동 능력 향상 효과가 있다.

따라서 이러한 종류의 운동은 파워를 향상시키고, 더 나은 경기력으로 전환할 수 있도록 하는 효과가 다른 방법들에 비해 뛰어나기 때문에 파워 발달을 위한 어떠한 트레이닝 프로그램을 계획하더라도 근력 트레이닝과 관련된 동작들은 반드시 포함시켜야 한다.

표 4-2 파워 향상을 위한 복합 트레이닝의 근력 트레이닝 방법의 예

운동	세트 x 반복 횟수	부하(%, 1RM)	운동 형태
스내치+	3 x 5	75~85	큰 힘과 빠른 속도
스내치 풀*	3 x 5	90~95	큰 힘과 중간 속도
블록에서 스내치 풀*	3 x 5	100~110	큰 힘과 중간 속도
루마니안 데드 리프트	3 x 5	70~75	중간 힘과 느린 속도

* 훈련 부하는 최대 스내치의 퍼센트
+ 부상 위험을 고려하여 스내치 종목은 하이풀, 파워 클린 종목으로 대체하기도 한다.

6. 파워 향상을 위한 주기화 트레이닝 방법

주기화 트레이닝periodization training은 운동수행능력을 발달시키기 위해 연속적이고 통합적인 형태로 구조화한 트레이닝 방법이다. 이 방법으로 예정된 시기에 원하는 경기력을 최적화할 수 있다.

경기력을 최대로 끌어올리기 위해서는 트레이닝 프로그램이 구조적으로 다양한 형태로 짜여야 한다. 트레이닝 시 생리학적 적응과 운동 수행에 대한 적응 현상이 일어나는 동안 피로를 효과적으로 관리하기 위해서이다. 그러나 일반적으로 저항성 트레이닝 관련 연구에서 제시하고 있는 트레이닝의 다양성은 주로 부하에 관한 문제에만 집중되어 있는 경향이 있다.

따라서 주기화 트레이닝을 계획할 때 운동 종류에 대한 선택과 집중이 이루어져야 하며, 트레이닝의 밀도도 좀 더 포괄적으로 구성해야 한다. 만약 다양성이 지나치거나 비논리적으로 구현되거나 체계화되지 못한 형태라면 트레이닝 계획의 전체적인 효과는 제한적일 수밖에 없을 것이다. 이는 결국 과훈련으로 인한 위험에 처하는 결과를 가져올 것이다.

궁극적으로 트레이닝에 따른 적응과 운동수행능력을 최대로 향상시키려면 트레이닝의 강도는 수직적 측면에서는 통합되어야 하고 수평적 관점에서는 연속적이어야 한다. 트레이닝 요소들이 잘 통합되었다면 적절하게 짝을 이루어 트레이닝 효과 측면에서의 장애 요인들이 자연스럽게 제거될 것이다. 강력한 근력과 파워를 발달시키려 한다면 트레이닝 계획에 최대 근력 트레이닝, 플라이오메트릭 트레이닝, 스프린트 트레이닝 같은 활동들을 포함시킴으로써 수평적 관점에서 트레이닝을 통합할 수 있다. 또한 파워 발달의 측면에서 보았을 때, 수직적인 통합은 힘-속도 그래프상의 서로 다른 부분들의 발달을 목표로 하는 운동들을 골고루 선택함으로써 다양한 측면에서 파워를 발달시킬 수 있다.

트레이닝 요소들을 수평적인 측면에서 연속적으로 구성하는 것은 트레이닝을 순서에 따라 배열하는 것이다. 파워를 발달시키기 위해 초기에는 근육의 횡단면을 증가시킬 수 있는 운동을 계획하고, 이후 근력을 최대화할 수 있는 트레이닝 기간을 두어 연속적인 트레이닝이 이루어지도록 하는 것이다. 근력이 발달되면 트레이닝의 초점을 파워를 발달시킬 수 있는 방향으로 집중할 수 있다. 이러한 형태의 트레이닝 과정은 개념적으로 '단계적 강화 이론The theory of phase potentiation'에 기반한 것으로, 이에 따르면 이전 주기의 트레이닝에 대한 적응 현상은 다음 단계를 위한 기초 체력으로 작용할 수 있다. 해리스와 그의 동료들(Harris et al., 2000)은 복합 훈련 방법이 적용된 연속적인 트레이닝 모델을 적용함으로써 프론트, 백스쿼트에서 각각 37.7%, 11.6%의 향상을 나타낸 결과를 보고하여 앞선 이론을 뒷받침하였다. 이 모델은 또한 9.14m와 30m 스프린트를 주파하는 시간을 각각 2.3%, 1.4% 단축하는 효과도 거두었다. 이러한 연구 결과를 통해 연속적인 주기화 모델은 근력과 파워를 적절하게 발달시키는 데 이상적인 모델이라는 것이 밝혀졌다(Bompa & Haff, 2009).

축구선수를 위한 웨이트 트레이닝

V 시즌 웨이트 트레이닝과 주기화 단계별 트레이닝 프로그램

1. 프로팀의 시즌 중 근력 및 파워 트레이닝

축구 경기에서 근력 및 파워 발현의 중요성을 고려할 때 체력 훈련에서 웨이트 트레이닝의 비중이 점차 높아지고 있다. 프로팀은 연간 40경기 이상 계속되는 경기 일정과 훈련에 따라 근력과 파워 트레이닝을 실행하기 위해서는 여러 요인을 고려해야 한다.

또한 월드컵 대회나 아시아 선수권 대회를 준비하는 과정은 프로팀의 연간 트레이닝을 준비하는 것과는 다르다. 주기화 이론에 따른 장주기 marco cycle 및 중주기 meso cycle 트레이닝의 단계별 프로그램을 계획할 때 고려해야 할 사항과 실제 트레이닝 프로그램의 예를 살펴보기로 하자.

프로팀의 복잡한 경기 일정과 경기와 훈련으로 인한 높은 수준의 피로, 그리고 훈련 중에 발생하는 예상치 못한 문제들로 인해 시즌 중 근력과 파워 트레이닝을 효율적으로 실행하기 위해서는 여러 요인을 고려해야 한다. 이러한 문제를 극복하기 위해 체력 전문 지도자들은 다양한 방법을 활용한다. 비선형 주기화 nonlinear periodization plan 와 이의 다양한 변형을 적용하는 등 체력 전문 지도자들은 시즌 중 일정 변동에 따라 유연하고 효과적인 트레이닝 프로그램을 수정하고 적용할 수 있어야 한다.

축구선수에게는 경기 중 폭발적인 가속, 스프린팅, 점핑 등 고강도 활동이 요구된다. 안제예프스키와 동료 연구자들(Andrzejewski et al., 2015)은 한 경기당 선수들의 평균 스프린트(≥24km h^{-1}) 거리가 237 ± 123m이고, 최대 달리기 속도는 31.9 ± 2.0km h^{-1} 에 이른다고 밝혔다. 축구선수들은 또한 경기당 58회의 스프린트를 해야 한다고 밝혔다. 이러한 스프린트를 위한 노력이 필요한 이유는 스프린트가 골을 넣기 위한 움직임 중 가장 핵심적이고 기여도가 가장 높기 때문인 것으로 나타났다(Faude et al., 2012).

근력과 파워는 축구선수 개인에게 필요한 능력이자, 팀의 성공을 위해서도 필수적인 요소이다. 근력과 파워의 증진은 시즌 전에 프로그램을 적절하게 계획할 때 이루어질 수 있다. 그러나 경기 일정이 빠듯한 시즌 중에는 시즌 전에 계획한 프로그램보다 더 높은 수준 또는 동일한 수준의 트레이닝 프로그램을 유지하는 것이 어려울 수 있다. 이는 경기로 인한 피로도의 증가, 훈련 시간의 감소, 동시 훈련의 간섭 효과 등과 같은 원인으로 인한 결과이다(Wing, 2018).

프로팀 수준의 시즌 기간에 주기화 트레이닝을 통한 최고의 경기력을 유지하기 위해 고려해야 할 요인과 저항성 트레이닝 방법을 소개하면 다음과 같다.

1) 트레이닝 프로그램 구성에 영향을 미치는 요인

(1) 경기 일정

축구 경기 일정은 복잡하고 유동적이다. 또한 경기 일정은 팀별로도 편차가 큰데, 어떤 팀은 심지어 한 주에 여러 경기를 하는 경우도 있다. 경기 수요가 늘어나는 만큼 훈련을 할 수 있는 시간이 줄어들어 트레이닝 프로그램 계획에 어려움을 주기도 한다. 일주일에 한 경기 또는 두 경기를 소화하는 일정에 국가대표 선수 차출과 A매치 경기, UEFA(유럽축구연맹), AFC(아시아축구연맹)의 챔피언스 리그 경기, 그리고 FA컵 경기 일정 등의 영향과 원정 경기를 위한 이동 시간, 경기 후 회복 관련 일정도 시즌 트레이닝 프로그램 작성 시 고려해야 할 요인들이다.

원정 경기를 준비한다면 경기 전 24시간 동안 해당 경기장까지 이동하는 시간과 별개로 가벼운 전술 훈련(프메이션 검토, 세트 피스 등)을 할 수 있다. 경기 후에는 즉각적으로 회복에 돌입, 다음날까지 계속되어야 한다. 회복에는 영양 보충, 냉욕 회복하기, 온냉 교대 목욕 등을 활용할 수 있다.

원정 경기장에서 돌아오는 이동 시간은 킥오프 시간에 따라 유동적인데, 정오나 오후에 킥오프를 한 경우는 경기 당일 돌아올 수도 있다. 그러나 저녁에 킥오프를 한 경우에는 다음날 돌아오는 것이 가장 적절하다. 이는 수면 시간을 늘리고 수면의 질을 높여 회복을 촉진할 수 있기 때문이다. 위와 같은 시간 안배는 훈련 시간과 직결되어 있기 때문에 중요한 고려 사항이다. 스케줄을 짤 때 가장 우선적으로 고려해야 하는 사항은 필드에서의 훈련 시간이다.

(2) 피로

시즌 중에는 경기로 인해 축적된 피로가 체육관에서 실행하는 저항성 트레이닝 프로그램에 큰 영향을 미칠 수 있다. 이는 선수들의 경기 중 활약 정도에 따른 다양한 형태의 운동 강도, 지속 시간과

거리 등에 의해 영향을 받음과 동시에, 팀에서 운용하는 경기 스타일에 의해서도 영향을 받는다. 축구와 관련한 피로도의 지표는 운동 수행, 근육 통증, 효소 수준의 측정이 포함된다. 경기 후 단시간(최대 72시간까지)에 이러한 지표의 변화 양상을 보면 다음과 같다(표 5-1).

표 5-1 축구 경기 후 피로 지표

구 분	경기 후 반응	
	Ascensao 등 연구 결과	Andersson 등 연구 결과
스프린트 스피드	경기 후 72시간까지의 운동 능력 감소	경기 후 5시간까지의 운동 능력 감소
DOMS/지각된 통증	경기 후 72시간까지 증가	경기 후 69시간까지 증가
크레아틴 키나아제(CK)	경기 후 72시간 동안 증가	경기 후 69시간까지 증가
햄스트링 & 대퇴사두근 토크	경기 후 72시간까지 감소	경기 후 27시간까지 무릎 신전 감소
		경기 후 51시간까지 무릎 굴곡 감소
카운터 무브먼트 점프 (CMJ)	검사하지 않음	경기 후 69시간까지 감소

DOMS = delayed onset muscle soreness (지연성 근육통)
출처 : Thorpe & Sunderland (2012)

이러한 요인은 트레이닝 프로그램과 주간 훈련량을 계획할 때 중요한 고려 사항이다. 소프와 서더랜드(Thorpe & Sunderland, 2012)는 경기 후 크레아틴 키나제(84%)와 마이오글로빈 농도(238%) 수준의 급격한 증가는 스프린트 횟수(각각 r = 0.88, r = 0.27)와 매우 높은 상관관계가 있다고 밝혔다. 이는 스프린트를 많이 할수록 그렇지 않은 선수보다 회복하는 데 시간이 더 오래 걸린다는 것을 의미한다.

또한 시즌 중에는 피로를 감소시키기가 더 어렵다는 것을 나타내는 몇 가지 지표가 있다. 크래머와 동료 연구자들(Kraemer et al., 2004)은 시즌 9주차에 스피드와 수직 점프 높이가 상당히 줄어들었으며, 11주간의 시즌 종료 후 일주일 후까지도 무릎 신근knee extensor의 근력이 감소했다고 보고하였다. 이와 함께 한지스키와 동료 연구자들(Handziski et al., 2006)은 시즌 후반기에 테스토스테론/코티졸의 비가 30% 감소했음을 밝혔다. 코티졸의 증가와 테스토스테론의 감소는 선수들이 근력과 파워 트레이닝으로 얻을 수 있는 긍정적인 작용을 감소시킬 수 있는 이화 작용 상태에 이르렀음을 나타낸다.

(3) 동시 훈련

축구에서 동시 훈련concurrent training이란 유산소 트레이닝과 더불어 동시에 이루어지는 근력 및 파워 트레이닝과 같은 의미를 갖는다. 동시 훈련이 체력 훈련 결과에 간섭 효과interference effect를 가져온다는 것은 널리 알려져 있다. 즉, 근력 및 파워 트레이닝 결과의 영향을 감소시키는 것으로 보고되었다(Blagrove, 2013).

근력 및 파워 트레이닝 직전에 이루어지는 인터벌 운동은 선수의 체력 훈련을 성공적으로 수행할 수 있는 능력을 저하시키는 것으로 나타났고, 유산소 운동은 최대 여덟 시간까지 체력 훈련에 영향을 끼칠 수 있다고 밝혔다. 이러한 연구 결과는 만약 근력 및 파워 트레이닝이 본래 목표로 했던 강도에서 이루어지지 않을 경우, 해당 프로그램의 효과가 감소할 수 있음을 의미한다.

(4) 부상 발생

성공적인 근력 및 파워 트레이닝 프로그램은 선수들이 부상당할 위험을 줄일 수 있는 전략을 시행하는 동시에 스포츠에서 가장 빈번하게 발생하는 부상을 예방할 수 있도록 구성되어야 한다. 유럽축구연맹 부상 연구 보고서에 따르면 평균적으로 한 선수당 시즌마다 두 번의 부상을 입으며, 그중 87%는 하지 lower limb에 발생한다. 부상이 가장 빈번하게 발생하는 부위로는 대퇴(23%), 무릎(18%), 엉덩이·사타구니(14%), 발목(14%)과 종아리·아킬레스건(11%)으로 나타났다. 대퇴에서는 좌상(strain, 17%)이 가장 많고, 햄스트링에서는 12%, 대퇴사두근에서는 5%의 비율로 좌상이 발생하는 것으로 나타났다.

또한 경기 일정이 많은 기간에는 경기와 관련된 부상이 급격하게 증가했다. 부상 발생 수가 많은 경우, 부상을 당하지 않은 다른 선수들의 활동량이 더욱 증가하게 되므로, 부상률을 낮게 유지하고 선수들의 빠른 회복을 돕기 위해 선수 로테이션을 적극 활용하는 것도 장기간의 리그 일정에서는 중요하게 고려해야 할 사항이다.

2) 시즌 중 근력 및 파워 트레이닝 프로그램의 설계

근력 트레이닝은 여러 운동 능력을 증진시켜 주는 것으로 알려져 있는 강한 강도의 저항성 트레이닝 형태로 이루어진다. 이와 달리

파워 트레이닝은 다면적으로 이루어지므로, 점프·던지기 같은 운동의 가속 탄성 운동과 파워 클린이나 하이풀 같은 운동 형식으로 이루어진다. 이와 함께 운동수행능력을 높여 주는 플라이오메트릭 운동 또는 점프 트레이닝을 포함한다.

피로도가 증가하고 훈련 시간이 줄어드는 시즌 중에 이러한 유형의 훈련 프로그램을 개발하고 구성할 때에는 세트, 반복 횟수, 운동량, 빈도, 주기화 전략 같은 변수들을 고려해야 한다.

(1) 빈도

근력 및 파워 트레이닝의 빈도는 주로 시즌 중 경기 일정에 따라 결정된다. 이전 연구에서는 주당 저항성 트레이닝을 여러 번 실시하면 좋은 결과로 이어지는 것으로 나타났다. 그러나 룐네스타드와 동료 연구자들(Rønnestad et al., 2011)은 체력과 40m 스프린트 속도는 주당 저항성 트레이닝을 한 번 실시할 때만 유지되었으며, 훈련 횟수가 한 회 늘어날 때마다 각각 감소했다고 밝혔다. 또한 알베스와 동료 연구자들(Alves et al., 2010)은 축구선수들이 주당 저항성 트레이닝을 1회 실시할 때와 2회 실시할 때 스쿼트 점프 능력은 향상되었으나, 5m와 15m 스프린트에서는 눈에 띄게 개선된 바가 없다고 밝혔다.

이러한 연구 결과를 고려하면, 운동 능력의 증진을 위한 체육관 활용의 근력 및 파워 트레이닝은 일주일에 한 번으로도 충분하다고 할 수 있다. 만일 경기 일정상 여유가 있다면 추가 시간을 배정하여 트레이닝을 할 수도 있다.

(2) 훈련 양과 강도

근력을 최대로 강화하기 위한 강도는 1RM Repetition Maximum의 80% 이상이다. 뢴네스타드와 동료 연구자들(Rønnestad et al., 2011)은 4RM에 해당하는 운동 강도를 제안하며 이를 뒷받침했다. 시즌 중에는 운동 강도를 정할 때 주의해야 한다. 이는 들기에 실패하는 경우 피로도를 높이고, 피로도가 높아지면 선수들의 경기 후 회복 능력에까지 부정적인 영향을 미칠 수 있기 때문이다. 또한 반복 횟수나 세트 수를 증가시켜 훈련량을 늘리는 것은 강도 높은 훈련, 즉 1RM에 근접하여 세트와 반복 횟수가 적은 훈련에 비해 피로도가 더욱 증가하므로 훈련량을 늘리는 것은 지양해야 한다.

파워 트레이닝의 다면성이라는 특성 때문에 힘-속도 곡선 전체를 발달시키는 트레이닝을 하기 위해서는 다양한 운동 부하를 적용해야 한다. 즉, 해당 훈련이 무엇에 중점에 두느냐에 따라 가속 탄성 운동에서는 1RM의 0~50% 사이의 범위에서, 역도 형식의 운동에서는 1RM의 50~90% 사이의 범위에서 진행해야 한다. 플라이오메트릭 운동은 개인마다 정해진 운동의 강도와 복잡성에 따라 결정한다. 결국 피로도를 적정 수준으로 유지하면서도 최상의 결과를 내기 위해서는 선수들의 점프 높이와 속도 정도에 따라 플라이오메트릭 트레이닝을 적절하게 구성해야 한다.

(3) 신장성 부하

축구 경기에서 선수들은 주로 방향 전환과 수직 점프, 착지 등과 같이 근육이 신전하며 강한 힘을 발휘해야 하는 신장성 수축 eccentric muscular contraction이 필요한 움직임을 많이 실행한다. 그러나 신장성 수축은 등척성 및 등장성 근력의 감소로 이어질 수 있고, 더 심각한 수준의 피로와 근육 손상으로 이어질 수 있다.

따라서 근력 및 파워 트레이닝 중 신장성 수축 감소를 위해 세트와 반복 횟수를 조절하는 것과 저항성 운동 종목의 선택과 조정을 신중하게 해야 한다(표 5-2).

그러나 신장성 수축은 운동수행능력에 필수적일 뿐만 아니라 부상 예방을 위해서도 중요한 역할을 하므로 시즌 중 훈련에서 완전히 배제해서는 안 된다. 이와 함께 체력 전문 지도자들은 경기 일정에 따라 선수들의 신장성 수축 트레이닝 정도를 효율적으로 주기화해야 한다.

표 5-2 신장성 수축 부담 감소를 위한 대체 운동 선택

운동	수정/대체
런지	스플릿 스쿼트
데드 리프트	정상 포지션에서 바벨 드롭 허용
박스 점프	박스에서 내려올 때 주의 (예 : 점프 없이 내려오기)
뎁스 점프	허들 호핑 같은 대체 운동 수행
싱글레그 스쿼트 투 박스	양발로 신장성 단계 수행 (또는 단축성 수축 리프트만 수행)
싱글레그 칼프 레이즈	최고 지점의 칼프 레이즈 동작에서 양발을 지면에 디딘 후 함께 내리기

출처 : Wing, 2018

(4) 주기화 전략

3:1 비율의 주 단위로 운동 강도를 점진적으로 높였다가 다시 낮추는 형태의 전통적 선형 주기화 전략periodization strategy은 비선형 주기화 전략에 비해 더 좋은 결과를 보여 왔다. 그러나 이러한 전략은 많은 경기 수와 일정의 유동성 때문에 축구 시즌 중에는 운용하기가 쉽지 않다. 따라서 강도와 중점 훈련 목표를 훈련 세션별로 조정하는 비선형 주기화 전략을 운용하는 것이 가장 좋은 해결책이라 할 수 있다. 이러한 주기화 전략은 정해진 주기에 따라 세션별로 근력 및 파워 트레이닝을 실시하고, 이를 통해 한 가지 이상의 훈련 목표를 이룰 수 있게 한다. 이는 특히 시즌 중의 축구선수들을 훈련할 때 권장되는 방법이다. 이러한 주기화 전략은 유동적인 일정에 따라 훈련 세션도 쉽게 수정하고 적용할 수 있기 때문이다.

(5) 대조 훈련

시즌 중에는 경기와 기술 훈련의 빈도가 모두 증가하게 되므로 근력 및 파워 트레이닝 세션의 시간적 제한이 발생한다. 훈련 시간을 최적화하기 위해서는 대조 훈련contrast training 방법을 고려해야 한다. 이는 부하가 높지 않은 폭발적 운동 또는 플라이오메트릭 운동 후에 즉각적으로 강도 높은 근력 훈련을 하는 것을 말한다. 예를 들면 박스 점프box jump 세트를 한 후에 바로 백스쿼트를 하는 것이다. 이러한 훈련 방법은 스쿼트 점프(12%), 슬관절의 등척성 신전력 (7.7%), 1RM 80%의 스쿼트(10%)와 스프린트 속도 같은 여러 운동 능력을 개선하는 데 효과적인 것으로 보고되었다.

(6) 트레이닝 프로그램 예시

〈표 5-3〉은 대조 부하 contrast loading 방법의 근력 트레이닝 프로그램을, 〈표 5-4〉는 파워 트레이닝 프로그램의 예시를 나타낸 것이다. 〈표 5-4〉에 나타난 주요 체력 훈련 세션은 총 네 개의 운동 형태 범주인 양측 근력 운동 bilateral strength, 편측 근력 운동 unilateral strength, 관상면 근력 운동 frontal plane strength과 신장성 햄스트링 운동 eccentric hamstring exercise을 중심으로 하고 있다. D1 범주를 제외한 각각의 운동은 유사한 원리를 바탕으로 하는 파워/플라이오메트릭 운동이 짝을 이루고 있으며, 대조 부하 방법을 활용하여 실행한다. 휴식 시간 이전과 다음 세트 전에 박스 점프 4회와 백스쿼트 4회를 하는 방식이다. 신장성 햄스트링 운동은 햄스트링 부상 예방에 긍정적인 효과가 있으므로 체력 훈련에서 중점적으로 이루어져야 한다.

표 5-3 대조 부하 방법을 활용하는 주요 하지 근력 트레이닝

근력 훈련(Strength Session)		
운 동	세트 x 반복 횟수	부하(% 1RM)
A1. 백스쿼트	4 x 4	85%
A2. 박스 점프	4 x 4	체중
B1. RFESS	3 x 5 (한 발당)	50%
B2. 싱글레그 허들 호프	3 x 5 (한 발당)	체중
C1. 측면 런지	3 x 6 (한 발당)	15%
C2. 스케이터 호프	3 x 6 (한 발당)	체중
D1. 노르딕 컬*	3 x 5	체중

* 햄스트링 부상 예방 목표
  REFESS = 뒷발 올리기 스플릿 스쿼트(rear foot elevated split squat)
출처 : Wing, 2018

〈표 5-4〉에 나타난 파워 트레이닝 세션은 네 개의 운동 형태 범주인 중량 부하의 폭발적 운동loaded explosive exercise, 부하 없는 양측 폭발적 운동unloaded bilateral explosive exercise, 부하 없는 편측 폭발적 운동unloaded unilateral explosive exercise, 그리고 발목 관절, 슬관절과 고관절까지 세 관절의 신전을 유도하는 던지기 운동으로 구성된다.

이 세션의 목표는 움직임의 속도와 선수의 순발력을 높이는 것이다. 이 때문에 이 훈련 세션에서는 상체보다 하체의 저항 훈련이 더 중요하다. 그러나 축구 훈련 프로그램에서는 상체 저항 훈련도 포함하여 실시하도록 권장하고 있다. 파워 트레이닝 세션에는 푸시push와 풀pull 각각 한 번씩, 두 가지 운동이 포함되어 있으며, 시간을 최적으로 활용하기 위해 두 가지 운동을 짝을 지어 '슈퍼세트superset' 방법으로 실시한다.

표 5-4 주요 하지 파워 트레이닝 세션

파워 훈련(Power Session)		
운동	세트 x 반복 횟수	부하(% 1RM)
A1. 대퇴 중간까지 풀	5 x 3	80%
B1. CMJ & 멀리 뛰기	5 x 3	체중
C1. 싱글레그 박스 푸시 오프	3 x 5 (한 발당)	체중
D1. 메디신볼 오버헤드 스로우*	3 x 5	10~15% 체중
E1. 덤벨 벤치 프레스	3 x 5	80%
E2. 벤치 풀	3 x 5	80%

* 선수가 던지기 중 세 번의 신전을 하도록 하기
CMJ = Counter Movement Jump (카운터 무브먼트 점프)

(7) 중주기와 단주기의 트레이닝 프로그램의 구성

1년 동안의 경기 일정을 소화하기 위하여 훈련 세션을 구성하고 트레이닝의 주요 변인을 조정하는 것은 매우 복합적인 과정이다. 〈그림 5-1〉과 〈그림 5-2〉는 중주기 주간 주기화 주요 트레이닝 요인의 배정을 나타낸 것이다. 주당 경기 1회의 일정에서 근력 중심 트레이닝 세션은 수요일에 실시하는 것을 권장하고 있다.

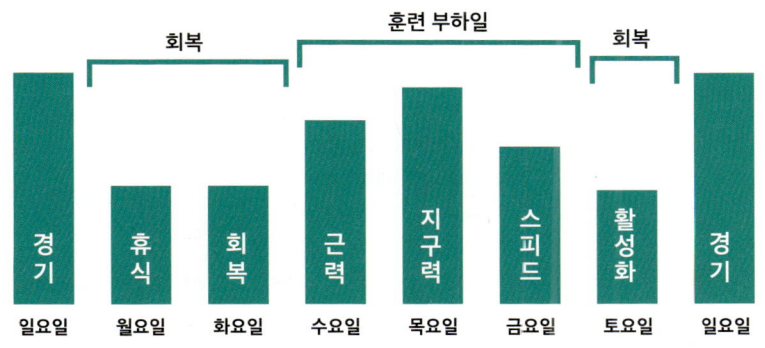

그림 5-1 표준 주간 트레이닝 양식(Bordonau & Villanueva, 2012)

〈그림 5-2〉에 나타난 것처럼 한 주에 경기 일정이 2회인 경우에는 주요 근력 트레이닝 세션을 격주로 시행한다. 주당 경기를 2회 할 때 매주 근력 훈련 세션을 진행하게 되면 완벽하게 회복할 수 있는 시간이 충분히 주어지지 않기 때문이다. 주당 경기를 2회 치르는 선수들은 선수들 각자의 피로도와 건강 상태에 따라 파워 트레이닝 훈련을 진행한다. 그러나 주 1회 경기와 주 2회 경기, 두 가지 경우 모두에서 경기 전날에는 저항성 트레이닝을 실시하지 않는다.

그림 5-2 경기 일정에 따른 주기화 트레이닝의 중점 요인 변화
(Bordonau & Villanueva, 2018)

다음 〈표 5-5〉는 선발 선수 및 교체 선수 그룹별 주간 중점 체력 요인의 변화를 나타낸 것이다. 경기를 90분 소화한 선수와 교체 투입된 선수, 그리고 경기 출전을 하지 않은 선수 등 세 그룹으로 나누어 일주일 동안 요일별로 주기화에 따른 트레이닝 프로그램을 다르게 적용해야 원하는 때에 최고의 팀 전체 경기력을 발휘할 수 있다.

표 5-5 선발 및 교체 선수 그룹별 주간 중점 체력 요인 트레이닝의 변화

요일	선발 그룹	교체 그룹	미출전 그룹
토요일	경기	경기	고강도 유산소성/개인훈련
일요일	휴식 혹은 회복	고강도 축구 훈련	고강도 축구 훈련
월요일	개인화 훈련*	스피드/파워	스피드/파워
화요일	반응성/활성화	반응성/활성화	반응성/활성화/보강운동
수요일	경기	경기	휴일/휴식
목요일	회복	스피드/파워	스피드/파워
금요일	반응성/활성화	반응성/활성화	반응성/활성화
토요일	경기	경기	개인화 훈련

* 개인 선수들의 상태에 맞는 전략 적용
출처 : Walker & Hawkins, 2018

(8) 단주기 단위 트레이닝의 구성

1일 단위 트레이닝 프로그램은 유산소 훈련 효과가 뒤에 이어질 근력 및 파워 트레이닝에 미치는 영향을 최소화하도록 구성해야 한다. 블라그로브(Blagrove, 2014)는 그의 연구에서 훈련 프로그램을 구성할 때, 근력 및 파워 트레이닝은 유산소 또는 기술/전술적 훈련을 가장 적게 하는 날에 해야 한다고 주장했다. 이와 함께 유산소 훈련과 근력 및 파워 훈련 사이에 회복 시간을 최대한 주어야 한다고 말했다. 이 연구에서는 회복 시간이 적어도 여섯 시간 이상이어야 한

다고 주장하나, 프로축구 선수들의 상황에서는 현실적이지 않다. 오전에는 유산소 트레이닝을 시행하고 오후에는 근력 및 파워 트레이닝을 할 수 있도록 그 사이에 선수들에게 휴식 시간, 팀/개인 미팅과 점심 시간을 주어 회복할 수 있도록 하는 것이 적절하다. 1일 1회의 트레이닝 시간을 갖는 경우에는 〈그림 5-1〉의 요일별 트레이닝 주요 목표를 고려하여 트레이닝 프로그램을 구성한다.

중주기 주기화 트레이닝은 계획한 대로 이행되지 않는 경우가 있고, 현실적으로 시즌 중에는 체력 훈련이 몇 주에 걸쳐서 시행되기 어려운 경우도 있다. 선수들이 다시 근력이나 파워 트레이닝 세션을 진행할 수 있게 되는 경우에는 1~2주간의 전환 시간을 주어 적은 퍼센트의 1RM을 활용하도록 한다. 〈표 5-6〉은 15주의 주기에서 근력과 파워 트레이닝 세션의 구성과 내용의 예시를 나타낸 것이다.

효과적인 트레이닝을 위해 시즌 중 체력 전문 지도자들이 고려해야 할 변수들이 많다. 〈표 5-7〉은 시즌 중 트레이닝을 할 때 고려해야 할 변수를 요약·정리한 것이다.

'교과서적인' 주기화 전략은 프로 수준의 축구에서 적용하는 것이 어려우므로 체력 전문 지도자들은 각각의 상황에 가장 '최적인' 전략, 즉 주로 비선형적 접근 방법의 전략을 운용하고 프로그램 적용의 유연성 및 융통성을 항상 고려해야 한다.

표 5-6 15주간의 시즌 중 근력 및 파워 트레이닝 세션의 구성

운동(% 1RM)	주(Weeks)														
	1	2	3	4	5	6	7	8	9	10	11	12	13	14	15
백스쿼트															
75~90%	16	16	8	4	0	16	0	16	0	0	0	12	16	8	4
90% >	0	0	6	9	0	0	0	0	0	0	0	0	0	6	9
박스 점프															
체중	16	16	16	16	0	16	0	16	0	0	0	12	16	16	16
RFESS															
40~60%[a]	15	15	10	5	0	15	0	15	0	0	0	10	15	10	5
60% >[a]	0	0	3	6	0	0	0	0	0	0	0	0	0	3	6
싱글레그 허들 호프															
체중	15	15	15	15	0	15	0	15	0	0	0	10	15	15	15
측면 런지															
10~20%[a]	18	18	12	6	0	18	0	18	0	0	0	12	18	12	6
20% >[a]	0	0	4	8	0	0	0	0	0	0	0	0	0	4	8
스케이터 호프															
체중	18	18	18	18	0	18	0	18	0	0	0	12	18	18	18
노르딕 컬															
체중	15	15	18	24	0	15	0	15	0	0	0	10	15	18	24
대퇴 중간까지 풀															
70~80%	15	15	15	15	12	9	6	3	15	15	15	0	15	15	15
80% >	0	0	0	0	3	6	9	12	0	0	0	0	0	0	0

운동(% 1RM)	주(Weeks)														
	1	2	3	4	5	6	7	8	9	10	11	12	13	14	15
CMJ & 멀리뛰기															
체중	15	15	15	15	15	15	15	15	15	15	15	0	15	15	15
박스 푸시 오프															
체중	15	15	15	15	15	15	15	15	15	15	15	0	15	15	15
오버헤드 스로우															
10~15%[b]	15	15	15	15	15	15	15	15	15	15	15	0	15	15	15
덤벨 벤치 프레스															
75~90%	15	15	15	15	10	5	0	0	15	15	15	0	15	15	15
90% >	0	0	0	0	3	6	9	9	0	0	0	0	0	0	0
벤치 풀															
75~90%	15	15	15	15	10	5	0	0	15	15	15	0	15	15	15
90% >	0	0	0	0	3	6	9	9	0	0	0	0	0	0	0
주당 총 반복 횟수	284	284	277	274	101	276	93	272	105	105	105	122	284	277	274
근력 포커스	부하				유지				부하 감소			부하			
파워 포커스	유지				부하				유지			부하 감소	유지		
주당 총 경기 횟수	1	1	1	1	2	1	2	1	2	2	2	1	1	1	1

해당 트레이닝 계획은 전체 15주간에 거쳐 동일한 운동에 의해 창안되었다. S&C 코치는 주기적으로 운동에 변화를 주고 싶을 것이다. 그러나 해당 운동들은 과거 '예시 훈련'에서 명시된 동일한 그룹에서 선정되길 추천한다. 이는 하나의 움직임 패턴이 과부하가 되지 않도록 보장한다. 예를 들어, RFESS는 스플릿 스쿼트로 대체될 수 있다.

모든 한발 운동은 다리/측면당 반복 횟수이며, 이는 전체 반복 횟수에 반영된다(예: 18 스케이터 호프는 36번의 반복 횟수로 주당 총 반복 횟수 안에 기록된다).

[a] 백스쿼트의 1RM %로 표현
[b] 체중의 %
출처 : Wing, 2018

표 5-7 시즌 중 트레이닝 시 고려해야 할 주요 변인

변인	권장 사항
빈도	주당 최소 1회의 저항성 운동
강도	메인 리프팅 훈련 시 1RM의 약 80% 강도
양	고강도-고볼륨 훈련은 피하고 대신 고강도-저볼륨 훈련
주기화 전략	스케줄에 따라 계획을 조정할 수 있도록 파형·비선형적 프로그램 적용
구성	경기 날에 가까울수록 더 적은 피로를 유발하도록 근력 훈련이 아닌 파워 훈련 진행
매일 구성	기술·전술 훈련과 근력·파워 훈련 사이에 충분한 휴식 시간 부여 낮은 강도의 기술·전술 훈련을 진행하는 날에 근력·파워 훈련을 진행
신장성 부하	가능하면 신장성 부하를 줄이는 것을 목표로 하되 훈련에서 완전 배제 금지
훈련 목표	각 체력적 요소를 위해 부하 주기, 유지하기, 부하 감소가 적절히 전환되어야 하며, 이는 명확한 계획을 통해 진행되어야 함
실패 지점까지의 리프팅	실패 지점까지의 훈련은 피하기
모니터링	개인의 '훈련 준비도' 관찰을 통해 적절하게 훈련 수정 및 구체화

출처 : Wing, 2018

2. 주기화 단계별 장주기 웨이트 트레이닝 프로그램

일반적으로 3월에 시즌이 시작되고 11월 중순에 정규 시즌이 막을 내리는 우리나라의 축구 시즌과 트레이닝 주기화의 5단계를 연결하여 주기화 단계별 목표에 따라 구성되는 각 단계별 웨이트 트레이닝은 다음과 같다. <표 5-8>은 각 단계별 웨이트 트레이닝 목표와 웨이트 트레이닝 프로그램 기본 처방 지침을 나타낸 것이다.

표 5-8 각 단계별 웨이트 트레이닝 목표 및 기본 처방 지침

단계	월	기간	목표	세트	반복 횟수	빈도	강도 (1RM %)
전이 단계	12월	2~3주	웨이트 트레이닝 기술 습득	3~4	14~16	3~4	30~40
기초 컨디셔닝 단계	1월	2~3주	근지구력 향상	3	10~12	2~3	50~60
근력 향상 단계	1~2월	3~4주	근력 향상	3~4	6~8	2~3	60~80
파워 향상 단계	2~3월	3~4주	근력 및 파워 향상	2~3	4~5	1~2	80~90
경기 단계	3~11월		향상된 근력 및 파워 유지	1~3	2~3	1	85~95

1) 전이 단계 웨이트 트레이닝 프로그램

전이 단계에서는 웨이트 트레이닝 동작의 기본 기술 습득에 중점을 두고 웨이트 트레이닝을 실시한다. 특히 하이 풀, 파워 클린, 데드 리프트 등의 종목은 기술을 정확히 습득해야 운동 상해를 예방할 수 있다. 웨이트 트레이닝 종목의 운동 순서는 대근군에서 소근군, 상체에서 하체, 주동근과 길항근의 두 가지 동작이 연결되도록 구성하는 것이 바람직하다(Hedrick, 2002; Murlasits & Langley, 2002). 15개 종목을 순서에 맞추어 모두 실시하는 것을 원칙으로 하나, 트레이닝 상황과 선수 개인에 따라 주요 종목을 우선적으로 실시하고 부가 종목을 선택하여 실시할 수도 있다(표 5-9). 전이 단계 기간은 2~3주 정도로 하고 〈표 5-10〉의 운동 강도와 반복 횟수로 3세트의 방법으로 주 3회 실시하여 웨이트 트레이닝의 기본 기술을 습득하도록 한다.

표 5-9 웨이트 트레이닝 운동 순서, 주요 종목 및 부가 종목

순서	웨이트 트레이닝	
	주요 종목	부가 종목
①	벤치 프레스	
②	스쿼트	
③		벤트오버로우
④	데드 리프트	
⑤		밀리터리 프레스
⑥		레그 익스텐션
⑦		레그 컬
⑧	파워 클린	

순서	웨이트 트레이닝	
	주요 종목	부가 종목
⑨		바이셉 컬
⑩	칼프 레이즈	
⑪	하이풀	
⑫	시트업	
⑬	백 익스텐션	
⑭		힙어덕션
⑮		힙어브덕션

표 5-10 전이 단계의 웨이트 트레이닝 프로그램

운동 종목 및 순서	운동 강도(1RM의 %)	반복 횟수
벤치 프레스*	30	15
스쿼트*	40	15
벤트오버로우	30	14
데드 리프트*	40	12
밀리터리 프레스	30	14
레그 익스텐션	40	15
레그 컬	40	15
파워 클린*	20	12
바이셉 컬	30	15
칼프 레이즈*	30	15
하이풀*	20	12
시트업*	2.5kg	15
백 익스텐션*	2.5kg	15
힙어덕션	30	12
힙어브덕션	30	12

* 주요 종목

2) 기초 컨디셔닝 단계 웨이트 트레이닝 프로그램

기초 컨디셔닝 단계에서는 2~3주 동안 근 지구력 향상을 목표로 1RM의 50~60%의 운동 강도로 훈련한다. 기츠 컨디셔닝 단계는 선수들의 경력이나 체력 수준에 따라 기간이 조정할 수 있다. 세트 수는 3~4세트 정도 실시하고 운동 빈도는 주당 2~3회로 하되 3회 실시할 경우, 월·수·금, 격일로 하고 금요일에는 운동 강도(1RM의 5~10% 정도)를 높이거나 반복 횟수를 2~3회 늘려 변화를 준다. 〈표 5-11〉은 기초 컨디셔닝 단계의 웨이트 트레이닝 운동 강도와 반복 횟수를 나타낸 것이다.

표 5-11 기초 컨디셔닝 단계의 웨이트 트레이닝 프로그램

운동 종목 및 순서	운동 강도(1RM의 %)	반복 횟수
벤치 프레스*	50	10
스쿼트*	60	10
벤트오버로우	50	10
데드 리프트*	60	10
밀리터리 프레스	50	10
레그 익스텐션	60	12
레그 컬	60	12
파워 클린*	50	10
바이셉 컬	50	10

운동 종목 및 순서	운동 강도(1RM의 %)	반복 횟수
칼프 레이즈*	60	10
하이풀*	50	8
시트업*	5kg	12
백 익스텐션*	5kg	12
힙어덕션	50	10
힙어브덕션	50	10

* 주요 종목

3) 근력 향상 단계 웨이트 트레이닝 프로그램

근력 향상 단계의 첫째 주에 1RM의 재측정 및 평가를 실시한다. 근력 향상 단계에서는 1RM의 60~80%의 운동 강도를 이용하여 근력 향상에 주안점을 두고 훈련한다. 근력 향상 단계에서는 1RM의 60~80%의 운동 강도를 이용하여 3~4주간 근력 향상에 목표를 두고 훈련을 실시한다. 세트 수는 3~4세트, 운동 빈도는 주 2~3회 실시하되 〈표 5-12〉에 나타난 바와 같이 운동 강도, 반복 횟수, 세트 등의 변화를 주도록 한다.

표 5-12 근력 향상 단계 웨이트 트레이닝 프로그램

운동 종목 및 순서	월 (화)			목 (금)		
	운동 강도 (1RM의 %)	횟수	세트	운동 강도	횟수	세트
벤치 프레스*	60	8	4	70	6	3
스쿼트*	70	8	4	80	6	3
벤트오버로우	60	8	4	70	6	3
데드 리프트*	70	8	4	80	6	3
밀리터리 프레스	60	8	4	70	6	3
레그 익스텐션	70	8	4	80	6	3
레그 컬	70	8	4	80	6	3
파워 클린*	60	6	4	70	6	3
바이셉 컬	60	8	4	70	6	3
칼프 레이즈*	70	8	4	80	6	3
하이풀*	60	6	4	70	6	3
시트업*	5kg	10	4	7.5kg	6	3
백 익스텐션*	5kg	10	4	7.5kg	6	3
힙어덕션	60	8	4	70	6	3
힙어브덕션	60	8	4	70	6	3

* 주요 종목

4) 파워 향상 단계 웨이트 트레이닝 프로그램

파워 향상 단계에서도 첫째 주에 1RM의 재측정 및 평가를 실시하여 트레이닝 프로그램 자료로 이용하도록 한다. 파워 향상 단계에서는 운동 강도를 높이고 반복 횟수는 줄임으로써 파워 및 스피드 향상을 목표로 훈련한다. 운동 빈도는 주 2회 실시하되 〈표 5-13〉에 나타난 바와 같이 주 1회는 피라미드식으로 운동 강도와 반복 횟수 등의 변화를 준다. 파워 향상 단계에서는 운동 강도를 줄이고 리프팅 속도를 빠르게 하는 형태의 트레이닝 방법을 사용하여 파워 증진을 유도할 수 있다.

표 5-13 파워 향상 단계의 웨이트 트레이닝 프로그램

운동 종목	월(화)			목(금)	
	운동 강도 (1RM의 %)	반복 횟수	세트 강도	운동 강도	반복 횟수
벤치 프레스*	90	3	3	85, 95, 100	4, 2, 1+
스쿼트*	90	4	3	85, 90, 95	4, 3, 2
벤트오버로우	90	3	3	85, 90, 95	4, 3, 2
데드 리프트*	90	4	3	85, 90, 95, 100	4, 3, 2, 1
밀리터리 프레스	90	3	3	85, 90, 95	4, 3, 2
레그익스텐션	90	4	3	85, 90, 95, 100	4, 3, 2, 1
레그컬	90	4	3	85, 90, 95, 100	4, 3, 2, 1
파워 클린*	90	3	3	85, 90, 95	4, 3, 2

운동 종목	월(화)			목(금)	
	운동 강도 (1RM의 %)	반복 횟수	세트 강도	운동 강도	반복 횟수
바이셉 컬	90	3	3	85, 90, 95	4, 3, 2
칼프 레이즈*	90	4	3	85, 90, 95, 100	4, 3, 2, 1
하이풀*	90	3	3	85, 90, 95	4, 3, 2
시트업*	7.5kg	5	3	7.5kg 5회씩 2세트 후 10kg 2회 1세트 실시	
백 익스텐션*	7.5kg	5	3	7.5kg 5회씩 2세트 후 10kg 2회 1세트 실시	
힙어덕션	80	5	3	80, 85, 90	4, 3, 2
힙어브덕션	80	5	3	80, 85, 90	4, 3, 2

* 주요 종목
+ 1RM의 85%로 4회, 95%로 2회, 100%로 1회 반복한다.

5) 경기 단계 웨이트 트레이닝 프로그램

경기 단계에서는 1RM을 측정하지 않고 파워 향상 단계에서 측정한 1RM 자료를 이용하도록 한다. 경기 단계에서는 최소한의 시간으로 그동안의 트레이닝에 의해 향상된 근력 및 파워를 유지하는 데 그 목표를 둔다. 피로하지 않은 상태에서, 가능하면 오전에 웨이트 트레이닝을 실시하고 오후에 기술·전술 훈련을 실시하는 것이 바람직하다.

웨이트 트레이닝 운동 종목은 10개 또는 7개 정도로 줄일 수 있다. 경기 단계에서는 근력 및 파워 유지를 위해 주 1회 실시하되 시즌 경기 일정과 선수들의 피로도를 고려하여 트레이닝 빈도를 정한다. 〈표 5-14〉는 경기 단계에서의 운동 강도와 반복 횟수 등을 나타낸 것이다.

표 5-14 경기 단계의 웨이트 트레이닝 프로그램

운동 종목 및 순서	운동 강도 (1RM의 %)+	반복 횟수	세트
벤치 프레스*	90	3	3
스쿼트*	90, 95, 95	3, 2, 2	3
벤트오버로우	90	3	3
데드 리프트*	90, 95, 95	3, 2, 2	3
밀리터리 프레스	90	3	3
레그 익스텐션	90, 95, 95	3, 2, 2	3
레그 컬	90, 95, 95	3, 2, 2	3
파워 클린*	90	3	3
바이셉 컬	90	3	3
칼프 레이즈*	90, 95, 95	3, 2, 2	3
하이풀*	90	3	3
시트업*	7.5kg	5	3
백 익스텐션*	7.5kg	5	3
힙어덕션	90	3	3
힙어브덕션	90	3	3

* 주요 종목
+ 경기 단계의 운동 강도는 일정 및 선수의 피로도를 고려하여 조정할 수 있다.

6) 중주기 웨이트 트레이닝 프로그램

프로 축구팀의 경우에는 트레이닝 5단계와 시즌이 확실하게 구분될 수 있지만, 대학 및 실업 아마추어 축구팀은 경기 단계(3~11월) 내에서 경기나 대회가 4~6주 간격으로 실시되기 때문에 프로팀처럼 트레이닝 주기화에 따른 5단계의 트레이닝 단계에 맞추어 웨이트 트레이닝을 할 수가 없다. 그러므로 경기 단계 내에서의 중주기 웨이트 트레이닝 프로그램이 필요하다. 일반적으로 4~6주 간격으로 대회가 실시되는데, 다음은 아마추어 팀을 위한 중주기 웨이트 트레이닝 프로그램의 예다. 3월 10일에서 20일까지 1차 대회를 치른 후에 5월 1일부터 다음 대회에 참가하게 되는 경우의 약 5~6주 중주기를 세분화하면 〈표 5-15〉와 같다.

표 5-15 중주기의 세분화된 주기화 단계

월	일자	단계 및 기간
3월	10~20	1차 대회 경기 단계
	21~24	휴식 및 전이 단계
	25~4.5	기초 체력 단계(10일간)
4월	6~20	근력 향상 단계(15일간)
	21~30	파워 향상 단계(10일간)
5월	1~10	2차 대회 경기 단계

중주기 각 단계별 웨이트 트레이닝 프로그램 처방 지침은 연간 장주기 웨이트 트레이닝 프로그램 처방 지침과 동일하다. 중주기에서의 특징은 훈련이 잘 된 선수들의 경우, 기초 컨디셔닝 단계를 짧게 할 수 있고 근력 및 파워 향상 단계를 길게 하여 훈련할 수도 있다. 아마추어 팀의 경기 단계에서는 경기 방식에 따라 2~3일에 1회의 경기를 해야 하므로 대회 기간에는 웨이트 트레이닝을 실시하지 않도록 하고, 특별히 3~4일 이상의 휴식 시간이 주어질 경우에 한하여 웨이트 트레이닝을 실시하도록 한다.

3. 2019 폴란드 U-20 월드컵대회 준비 과정의 저항 훈련 프로그램

2019년 대한민국 U-20 청소년 대표팀은 폴란드 U-20 월드컵대회에서 준우승을 차지하며 역대 국제축구연맹 주관 남자 대회에서 우리나라 최고 성적을 거두었다. 청소년 대표팀 체력 전문 지도자 역할을 맡았던 오성환 박사는 2019년 한국축구과학회 국제 컨퍼런스에서 정정용 감독의 훌륭한 리더십과 적절한 체력적 준비 과정을 주요 성공 요인으로 꼽았다. 오성환 박사는 체력적 준비 과정을 통해 큰 부상자 없이 일곱 경기를 소화해 낸 점과 선수들의 근육 경련 증상이 나타나지 않았던 결과를 얻었다고 특징적으로 요약하였다. 청소년 대표팀이 대회 준비 과정에서 활용했던 오성환 박사의 주요 저항 훈련 프로그램을 소개하면 다음과 같다(오성환, 2019).

1) 본선 대비 체력 훈련 프로그램의 목표

청소년 대표팀은 웨이트 트레이닝을 통해 실제 경기력 향상으로 전환이 가능한 저항성 트레이닝 프로그램이 될 수 있도록 근육과 근육 간의 협응 작용 및 근육과 건의 협응 작용이 향상되어 몸싸움에서 밀리지 않는 근력과 밸런스 능력을 향상시키고, 힘을 효율적으로 사용할 수 있는 코디네이션 능력 향상을 목적으로 세부 목표 지향적 운동 종목을 선택하여 실시하였다.

트레이닝 프로그램의 구체적인 목표는 다음과 같이 설정하였다.

- 예상치 못한 부하 상태에서의 밸런스 능력 향상
- 부상 예방을 위하여 근육과 건의 반사 수축 및 동시 수축 능력 향상
- 스피드 감속 능력 향상
- 등척성 햄스트링 근력 강화

2) 대회 준비 기간의 주기화 트레이닝

대회 시작 30일 전부터 소집하여 준비하는 기간에 최대의 경기력 향상 효과를 얻기 위해 다음 다섯 가지 기본 원칙을 활용하였다.

- 단기간 유산소 능력 향상 모델 적용
- 저강도·고볼륨·고강도 트레이닝
- 월드컵 본선 첫 경기 7일 전까지 평가전 종료
- 평가전 경기 시 1일 테이퍼링 & 본선 첫 경기 전 3일 테이퍼링
- 평가전 후 2일 회복 및 휴식

대회 준비 과정에서 발생하기 쉬운 유산소 지구성 트레이닝에 의한 과부하 현상을 예방하기 위해 단기간 유산소 능력 향상 트레이닝은 운동 강도와 운동량의 70~80%에 해당하는 부하를 활용하여 피로 축적을 방지하고 회복 시간을 단축하면서도 유산소 능력의 향상을 유도하였다. <그림 5-3>은 단기간 내 유산소 능력 향상을 위한 70~80% 운동 부하와 전술 트레이닝의 효과를 나타낸 것이다.

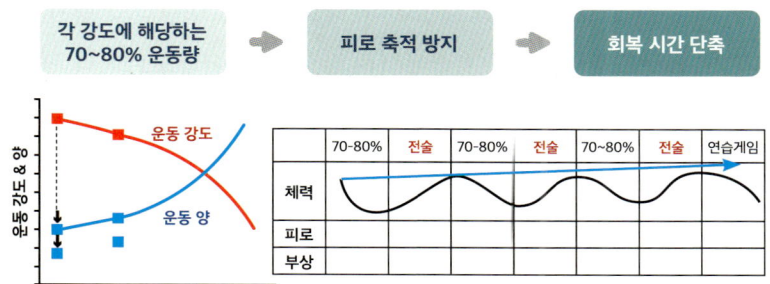

그림 5-3 단기간 유산소 트레이닝의 강도 조절과 전술 트레이닝의 효과

〈그림 5-4〉는 스몰 사이드 게임의 형태와 운동 부하 정도, 그리고 조절 방법을 나타낸 것이다.

단기간 유산소 능력 향상 기본 원칙

각 강도에 해당하는 70~80% 운동량 ▶ 피로 축적 방지 ▶ 회복 시간 단축

	Max. Volume	Submax. Volume	강도 × 양	Underload
3v3	3' × 9 - 10 rep.	2' 30" × 6 - 8 rep.	90%	2' 30" × 3 - 4 rep.
4v4	4' × 7 - 8 rep.	4' × 4 - 6 rep.		2' 30" × 2 - 4 rep.
9v9	15' × 4 rep.	10' × 2 rep.	70%	5' × 2 rep.

그림 5-4 스몰 사이드 게임의 형태와 운동 부하 정도 및 조절 방법

다음 〈그림 5-5〉는 소집해서 포르투갈과의 첫 경기까지 평가전과 주요 중점 트레이닝의 일정이다. 국내에서 프로팀과의 평가전 두 경기, 폴란드 현지 적응 훈련에서의 뉴질랜드·에콰도르와의 평가전 두 경기 일정과 함께 SSG를 활용한 유산소 능력 트레이닝과 웨이트 트레이닝 일정이 포함되어 있다. 고볼륨·고강도의 트레이닝을 진행하면서도 피로 누적을 최소화하고 체력 기반의 경기력을 높이기 위한 트레이닝 실행 과정을 보여 주고 있다.

고볼륨 & 고강도 운동의 혼합

【다섯 가지 원칙】
- 단기간 유산소 능력 향상 위한 네 가지 모델 중 택 1
- 저강도-고볼륨-고강도 패턴
- 본선 첫 경기 7일 전까지 모든 연습게임 끝
- 연습게임 시 하루 테이퍼링 / 본선 첫 경기 전 3일 테이퍼링
- 연습게임 후 이틀간 회복 및 휴식

		일	월	화	수	목	금	토
		21	22	23	24	25	26	27
국내 훈련 13일				고볼륨 (9v9)	저강도 고강도 (4v4)	웨이트 저강도 ss	테이퍼링	VS FC서울
		28	29	30	5.1	2	3	4
		회복 & 외출	웨이트 저강도s	테이퍼링	VS 수원삼성	외박	외박	웨이트 고강도 (3v3)
		5	6	7	8	9	10	11
폴란드 현지 훈련 20일		출국	저강도	웨이트 저강도	저강도 고볼륨 (역습)	웨이트 고강도 3v3 4v4	테이퍼링	VS 뉴질랜드
		12	13	14	15	16	17	18
		회복	레저 활동	웨이트 저강도	고강도 (5v5)	테이퍼링	VS 에콰도르	회복
		19	20	21	22	23	24	25
		개최도시 이동	피지컬 테스트	웨이트 고강도 (4v4)	테이퍼링	테이퍼링	테이퍼링	VS 포르투갈

그림 5-5 대회 30일 기간의 단기 주기화 프로그램과 경기 및 훈련 일정

3) 저항운동 종목과 방법

월드컵 본선 대비 웨이트 트레이닝의 기본 원칙은 아래와 같다.

- 단관절 머신 운동은 제외하고 여러 근육을 동시다발적으로 자극할 수 있는 종목 선택
- 가벼운 무게, 고반복 형태의 운동 제외
- 한 팔과 한 다리 운동 종목 unilateral exercise 활용
- 정적인 코어 운동보다는 다이내믹 코어 운동 활용
- 예상치 못한 부하에서 균형을 유지할 수 있는 운동 종목 활용

이러한 기본 원칙을 바탕으로 활용한 주요 저항운동 종목과 그 방법은 다음과 같다(Bosch, 2015; DeMers et al., 2016; Kummel et al., 2016).

밸런스 운동

실제 경기에서 일어나는 예상하지 못한 부하가 가해졌을 때 밸런스를 유지하는 능력을 향상시켜 주는 운동으로, 바 양옆에 고무밴드로 5kg 원판을 매달고 계단 오르내리기 10회×3세트를 실시한다. 한 발로 계단을 밟고 다른 발은 무릎을 90도 높여 일시 정지하여 밸런스를 유지하고 오른발, 왼발 교대로 계단을 오르내린다. 바 양쪽 고무밴드에 원판을 매달아 부하의 방향을 예측하지 못하게 한 상태에서 스텝을 밟아 균형을 유지한다.

그림 5-6 밸런스 운동(바 양옆에 고무밴드로 5kg 원판 매달고 계단 오르내리기)

햄스트링 운동

신장성 수축을 유발하기 위해 노르딕 햄스트링 운동Nordic hamstring exercise을 통해 부상 방지 및 근력을 강화한다. 10kg 원판을 가슴에 안고 한 발만 바에 걸치고 버팀으로써 등척성 수축을 유발한다. 엎드린 자세로 한 발로 버티며 20초간 수평 자세를 유지하여 햄스트링 근육을 자극하고 좌우 교대로 각 3회씩 실시한다(한 발씩 20초 버티기 / 한 발당 3회).

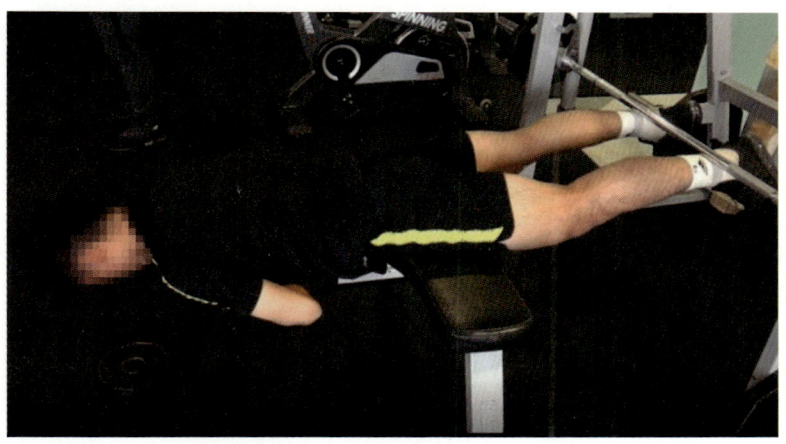

그림 5-7 햄스트링 운동(한 발씩 20초 버티기/ 한 발당 3회)

등 및 코어 운동

여러 근육을 동시에 자극하기 위해 벤치 위에 무릎을 대고 로잉 동작을 하는 것이 아닌, 하체를 벤치 뒤로 길게 빼고 함으로써 코어 근육을 동시에 자극한다. 덤벨로 한 팔당 7회 × 3세트를 하되, 최대 7회 반복할 수 있는 무게로 실시한다. 무릎을 조금 구부린 상태에서 허리 및 복근에 힘을 주어 긴장을 유지한 상태에서 실시한다.

그림 5-8 등 및 코어 운동
(무릎 살짝 구부린 상태에서 허리 및 복근에 힘 준 상태에서 실시)

코어 및 가슴 운동

짐볼 위에서 양손이 아닌 한 손으로 프레스를 하여 코어 근육을 강하게 자극한다. 복근, 둔부, 허리에 힘을 주어 긴장을 유지한 상태에서 실시한다. 덤벨은 최대 7회 반복할 수 있는 무게로 7회 × 3세트 한다.

그림 5-9 코어 및 가슴 운동
(짐볼 위에서 복근, 엉덩이, 허리에 힘 준 상태에서 한 팔로 실시)

밸런스 & 어깨 운동

    여러 근육을 동시에 자극하고 밸런스 향상을 위해 한쪽 팔로 프레스를 실시한다. 덤벨을 들면서 같은 쪽 다리를 동시에 올린다. 덤벨을 올린 상태에서 1초 정도 밸런스를 유지하고 내린다. 최대 7회 반복할 수 있는 무게로 7회 × 3세트 반복한다.

그림 5-10 밸런스 & 어깨 운동(덤벨을 들면서 같은 쪽 다리 동시에 올리기, 덤벨 올린 상태에서 1초 밸런스 잡고 내리기)

감속 운동

스프린트 후 속도를 줄일 때 빠른 감속을 위한 운동이다. 일반적인 런지 자세보다는 앞으로 차고 나오면서 슬개골 건Patellar tendon의 탄성과 대퇴사두근의 등척성 수축을 자극함으로써 감속 능력의 향상을 유도한다. 이와 함께 내전근Adductor, 대둔근Gluteus maximus을 자극함으로써 밸런스를 향상시킨다. 15~20kg 덤벨을 양쪽 손으로 잡고 벤치 위에 한 발을 걸치고 한쪽 다리당 7회 × 3세트 실시한다.

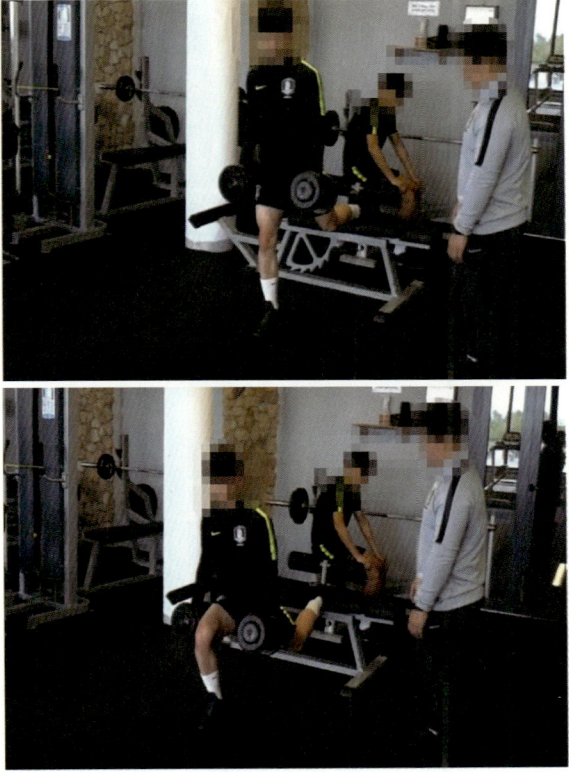

그림 5-11 감속 운동(스프린트 후 빠른 감속을 위한 운동으로 벤치 위에 뒤로 한 발을 걸치고 실시)

다이내믹 코어 운동

정적인 코어 운동은 실제 경기장에서 경기력 발휘로 전이되기 어려운 점을 고려하여 팔다리를 이용한 동적인 코어 운동으로 코어 파워의 향상을 유도한다. 바에 5kg 원판을 꽂고 실시한다. 좌우 왕복을 1회로 15회 × 3세트 반복한다.

그림 5-12 다이내믹 코어 운동
(바에 5kg 원판 꽂고 실시,
좌우 왕복을 1회로 15회 3세트)

축구선수를 위한 웨이트 트레이닝

부록   주요 웨이트 트레이닝 운동 종목과 방법

1. 스쿼트(Squat)

1) 준비 자세

- 바 bar 양쪽의 무게가 똑같은지, 그리고 핀으로 잘 고정되어 있는지 확인한다.
- 받침대 rack를 사용하는 경우, 바의 높이는 가슴 중간 정도가 되도록 조절한다.
- 양손은 어깨 넓이보다 넓게 바 양쪽의 길이가 같도록 균형을 이루며, 손가락이 밑에서 위쪽으로 향하도록 엄지손가락으로 바를 감싸 잡는다.
- 양발 모두 바 밑에 위치하도록 스텝을 고정한다.
- 삼각근 후부와 승모근 중간에 바의 중앙 부위가 위치하도록 한다.
- 가슴은 곧게 펴서 앞으로 나오게 하고 양쪽 어깨는 뒤쪽으로 당긴다.
- 양발을 이용해 받침대로부터 바를 들고 한 발짝 뒤로 나온다.
- 양발은 어깨 넓이 정도로 벌리고 발끝이 약간 바깥쪽을 향하도록 고정시킨다.
- 전체 스쿼트 동작 중에 발의 전체 면이 반드시 바닥에 닿게 한다.
- 시선은 눈높이보다 약간 높게 하고 스쿼트 동작을 계속하는 동안에도 고정시킨다.

2) 내림 동작

- 허리 부위를 앞쪽으로 약간 굽히며 천천히 내림 동작을 시작한 후 무릎을 굽힌다.
- 무게중심이 발 앞쪽에 위치하지 않도록 하고 발뒤꿈치나 발의 중앙에 있게 한다.
- 대퇴 윗부분이 바닥과 수평을 이루는 지점까지 천천히 내림 동작을 계속한다.

3) 올림 동작

- 대퇴 윗부분이 바닥과 수평을 이루는 지점에서 원래 출발 자세로 바를 밀어올린다.
- 올림 동작은 잘 조절된 상태에서 빠르게 실시한다.
- 허리 부분이 가능하면 바 밑에 위치하도록 한다.
- 양 무릎을 가운데 쪽으로 모으지 않도록 한다.

4) 유의점

- 내림 동작을 할 때 몸을 앞으로 굽히지 않도록 한다. 몸을 앞으로 굽히면 무릎 관절에 부하를 너무 많이 주기 때문이다.
- 내림 동작의 마지막 부분에서 탄력을 이용해 바운딩 bounding 하지 않는다.
- 내림 동작 전에 숨을 들이쉬고, 내림 동작 중에는 호흡을 멈춘다. 그리고 올림 동작을 할 때 천천히 숨을 내쉰다.

- 등을 곧게 펴고 절대로 구부리지 않는다.
- 무릎을 안쪽으로 굽히지 않도록 한다.

2. 칼프 레이즈(Calf raise)

1) 준비 자세

- 바닥보다 5~10cm 정도 높은 테이블 면을 이용하도록 한다.
- 양발의 바닥 중심이 높은 테이블 면의 가장자리에 놓이도록 한다.
- 발은 허리 넓이 정도로 벌리고, 발을 올리는 동작은 변화를 주어 똑바로 약간 바깥쪽, 그리고 약간 안쪽을 향하여 들어올린다.

2) 동작

- 준비 자세에서 발뒤꿈치를 서서히 최대한 들어올린다.
- 최대한 들어올린 후 잠시 정지했다가 내린다.
- 가능하면 운동 범위 range of motion 를 크게 한다.

3) 유의점

- 몸통과 다리는 전체 동작 중에 똑바로 유지하여 오직 비복근 gastrocnemius or calf 만 운동이 되도록 한다.
- 내림 동작에서 숨을 들이쉬고 올림 동작 시 숨을 내쉰다.
- 칼프 머신 calf machine 이 없는 경우에는 스쿼트 동작과 같이 어깨, 또는 양손에 바를 들고서 칼프 레이즈 운동을 할 수도 있다.

부록 : 주요 웨이트 트레이닝 운동 종목과 방법

3. 레그 컬(Leg curl)

1) 준비 자세

- 기구 위에 엎드려 바 밑에 다리를 위치시킨다.

2) 동작

- 준비 자세에서 서서히 무릎을 굽힌다.
- 무게를 들어올려 발뒤꿈치가 둔부 부위에 있을 때 허리를 둥글게 구부리지 않도록 한다.
- 무릎을 충분히 굽혀 운동 범위를 크게 하고 내림 동작은 서서히 잘 조절된 형태로 내리도록 한다.
- 올림 동작 전에 숨을 들이쉬고, 올림 동작 중에는 호흡을 멈춘다. 그리고 내림 동작 시 천천히 숨을 내쉰다.

3) 유의점

- 무릎이 기구에 닿지 않도록 한다.
- 동작을 할 때 허리를 들지 않도록 하고 무릎을 충분히 굽혀 가능하면 운동 범위를 크게 한다.

부록 : 주요 웨이트 트레이닝 운동 종목과 방법 **231**

4. 레그 익스텐션(Leg extension)

1) 준비 자세

- 기구에 앉아서 바에 발목을 걸친다.

2) 동작

- 상체를 이용하지 않고 대퇴부의 근육 수축을 이용해 운동이 되도록 한다.
- 올림과 내림 동작 모두 서서히 잘 조절된 형태로 해야 한다. 탄력이나 무게에 의해 자동으로 내림 동작이 되어서는 안 된다.
- 올림 동작(무릎을 펼 때)을 할 때 숨을 내쉬고, 내림 동작을 할 때 숨을 들이쉬도록 한다.
- 슬관절에 무리를 주게 되므로 무릎이 과신전될 때까지 올림 동작을 계속할 필요는 없다.

3) 유의점

- 내림 동작도 서서히 컨트롤된 형태로 운동을 한다.
- 슬관절에 무리가 가지 않도록 올림 동작을 적절히 한다.

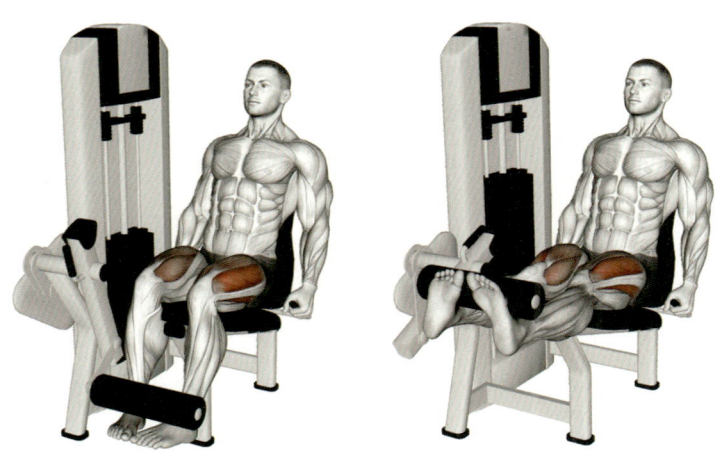

5. 데드 리프트(Dead lift)

1) 준비 자세

- 양발은 어깨 넓이 또는 약간 더 넓게 한 자세에서 정강이가 바 바로 뒤에 위치하도록 다가선다.
- 한 손은 오버핸드 그립으로, 다른 한 손은 언더핸드 그립으로 바를 잡는다.
- 정면을 바라보고 엉덩이는 약간 낮추며 등은 곧게 편다.

2) 올림 동작

- 동작을 시작하기 전에 숨을 들이마신다.
- 바를 잡고 다리와 둔부의 힘을 이용하여 몸을 일으킨다.
- 양발로 바닥을 지탱하고 마지막 자세는 어깨와 무릎을 편 채 일어나 등을 똑바로 편 채 숨을 내쉰다.

3) 내림 동작

- 올림 동작이 완료되고 1~2초 지난 후에 내림 동작을 시작한다.
- 가능하면 등을 굽히지 않고 올림 동작 역순으로 천천히 바를 바닥에 내려놓는다.

4) 유의점

- 정강이가 바로 위에 위치하도록 다가선다.
- 올림 동작이 반 정도 이루어졌을 때 배근의 중하단 부위에서 각근으로 근력이 옮겨지는 것을 느끼도록 한다.
- 동작을 취하는 동안 발을 움직이거나 발꿈치를 들어서는 안 된다.
- 동작 시 등을 곧게 펴고 둥글게 구부리지 않는다.

6. 시트업(Sit-up)

1) 준비 자세

- 발목을 고정하고 팔을 머리 뒤로 하여 깍지를 끼고 무게를 이용하는 경우에는 머리 뒤 또는 머리 윗부분에 놓고 양손으로 잡는다.
- 무릎은 곧게 펴거나 90도로 세운다.

2) 동작

- 상체를 앞쪽으로 일으키면서 숨을 내쉰다.
- 상체를 일으켰을 때 팔꿈치가 무릎에 닿은 후 되돌아간다.
- 상체를 뒤쪽으로 내리면서 숨을 들이마신다.
- 동작을 반복할 때 등이 바닥에 닿는 반동을 이용하지 않는다.

7. 백 익스텐션(Back extension)

1) 준비 자세

- 발목을 고정하고 손가락을 머리 뒤로 깍지 끼거나 무게를 이용하는 경우에는 머리 뒷부분에 놓고 양손으로 잡는다.
- 상체를 앞으로 굽힌 상태로 준비한다.

2) 동작

- 상체를 들어올리기 전에 숨을 들이마시고 들어올리는 동안에는 숨을 멈춘다.
- 상체를 내리면서 숨을 내쉰다.
- 동작을 할 때 무릎을 가능하면 똑바로 펴고 상체를 바닥과 평행을 이루거나 약간 높은 정도로 올리고 상체를 너무 높게 들지 않는다.

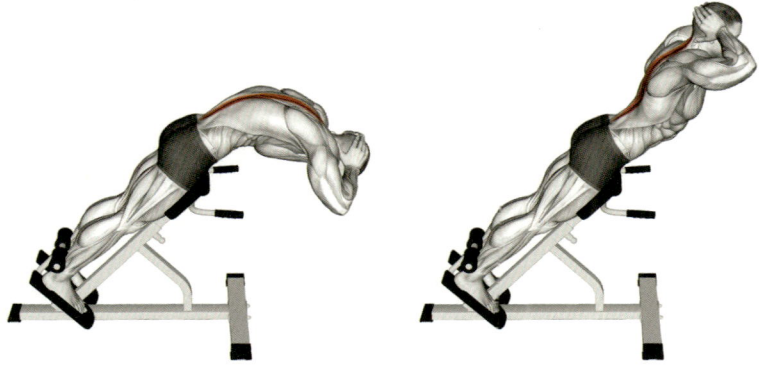

8. 파워 클린(Power clean)

1) 준비 자세

- 웨이트 트레이닝장에 별도로 견고한 바닥에 파워 클린만 실시하는 장소를 마련한다.
- 주위에 바벨이나 덤벨 등이 없도록 정돈한다.
- 바에 무게가 균형을 맞춰 놓여 있는지 확인한다.
- 양발은 어깨 넓이로 발바닥 전체가 바닥에 닿도록 하고 발끝은 약간 바깥쪽을 향하도록 한다.
- 정강이가 바 바로 뒤에 위치하도록 다가서고 팔꿈치가 양쪽 옆을 향하도록 바를 잡는다.
- 양팔이 무릎 바깥쪽에 위치하도록 한다.
- 등은 곧게 펴거나 약간 둥글게 하여 고정한다.
- 바를 들기 전에 숨을 들이마시고 올림 동작이 완전히 끝날 때까지 숨을 멈춘다.

2) 올림 동작

- 바를 바닥으로부터 서서히 들어올리며 무릎을 편다.
- 허리와 어깨를 동시에 올리도록 하고 등은 곧게 편다.
- 바는 최대한 몸에 가깝게 직선으로 들어올린다.

- 양발 발바닥 전체를 바닥에 고정시킨다.
- 가슴을 편 상태에서 숨을 들이마시고 무릎 위까지 바를 들어올린다.
- 곧바로 발목, 무릎, 둔부 및 어깨를 이용하여 빠른 속도로 그림의 하이풀 동작과 같이 점프하듯이 폭발력 있게 바를 목부위(쇄골)까지 끌어올린다.
- 팔꿈치를 계속 높게 하여 유지한다.
- 바를 끌어올린 후 재빨리 팔꿈치를 굽히고 무릎도 약간 굽히며 바를 어깨, 즉 삼두근 전방 부위와 쇄골에 올려놓는다.
- 팔꿈치를 높게 하고, 몸통과 가슴 부위도 숨을 멈추어 높게 단단히 고정한다.

3) 내림 동작

- 바를 내릴 때는 천천히 대퇴 부위로 먼저 내린다.
- 무릎과 허리를 굽히고 바를 스쿼트 자세로 바닥에 내려놓는다.
- 등은 계속해서 곧게 편다.

4) 유의점

- 동작을 실시할 때 힘이 팔에서만이 아니라 하체, 허리, 복부, 어깨를 모두 이용하여 나오도록 한다.
- 정신을 집중하여 정확한 자세와 기술을 먼저 습득하도록 한다.
- 파워 클린 동작이 익숙하지 않은 경우, 가슴 위까지 들어올리는 하이풀 동작을 먼저 실행하도록 한다.

하이풀(high pull)

파워 클린

9. 파워 스내치(Power snatch)

1) 준비 자세

- 파워 스내치의 준비 동작은 그립을 약간 넓게 잡는 것을 제외하고는 파워 클린의 준비 동작과 같다.
- 올림픽 역도 경기의 인상olympic snatch에서는 들어올리는 거리를 짧게 한 동작에 마치기 위해 그립을 매우 넓게 잡는데, 이는 숙련된 기술을 요하므로 축구선수들을 위한 웨이트 트레이닝 방법으로는 적당하지 않다. 그러나 동작의 효율성을 위해 파워 클린보다는 약간 넓게 그립을 잡는 것이 좋다.

2) 올림 동작

- 바를 단단히 잡은 후 주로 다리와 배근의 힘으로 들어올린다.
- 바가 무릎 위에 위치했을 때 풀 익스텐션full extension 또는 라스트 풀last pull을 시작한다.
- 풀 익스텐션의 순간에 머리와 상체는 뒤로 젖히고 풀 익스텐션 최종 단계에서 발끝에 의지하여 바를 유지하고 바 밑으로 파고 들어갈 준비(허리 집어 넣기)를 한다.
- 파워 스내치 기술은 두 발을 전후로 벌린 자세로 머리 위에서 받는 스프릿 스타일split style과 두 발을 좌우로 벌린 자세로 받는 스쿼트 스타일squat style이 있다. 역도 선수들의 경우 웨이트

의 드는 거리를 짧게 하기 위해 다음 그림과 같이 드롭 동작으로 무릎을 깊이 굽히는 스쿼트 스타일을 많이 사용한다. 그러나 이는 숙달된 기술을 요하는 동작이므로 축구선수에게는 적절한 방법이 아니다.
- 무릎을 약간 굽히며 허리 집어넣기 동작과 함께 바를 머리 위로 재빨리 들어올린다.

3) 내림 동작

- 스내치 동작이 완료되면 약간 정지한 후에 바를 내려 파워 클린 동작처럼 삼각근과 쇄골의 어깨 부위에 걸친다.
- 어깨 부위에서 다시 대퇴 부위로 천천히 내려 무릎을 굽히며 바닥에 내려놓는다.

4) 유의점

- 파워 스내치 방법이 완전히 숙달되기 전에는 무거운 무게로 스내치 동작을 시도하지 않도록 한다.

10. 벤치 프레스(Bench press)

1) 준비 자세

- 머리가 벤치에 닿도록 누워 바 밑에 눈이 위치하도록 한다.
- 웨이트가 양쪽에 균형적으로 되어 있는지 확인하고 손목을 고정하여 엄지손가락으로 바를 감싸 잡는다.
- 양발은 마루 바닥에 밀착시킨다.
- 그립의 너비는 각자 조절한다. 그립의 폭이 넓을수록 운동 중 흉근이 더 많은 작용을 하고, 그립이 좁을수록 삼두박근이 더 많은 작용을 하게 된다.
- 초보자는 안전을 위해 벤치 뒤에 보조자를 두도록 한다.

2) 내림 동작

- 바를 천천히 들어서 균형을 잡기 위해 약간 멈춘다. 이때 팔과 손목을 단단히 고정시킨다.
- 숨을 들이마시고 바를 내릴 때에는 숨을 멈춘다.
- 바를 천천히 가슴 위, 젖꼭지 근처까지 내린다.
- 몸과 양발을 움직이지 않도록 하고 바가 가슴에 가볍게 닿을 때 바운딩을 피하기 위해 순간적으로 정지한다.

3) 올림 동작

- 흉근·삼각근·삼두박근에 의해 발휘된 힘을 집중시켜 바를 위로 밀어올려 준비 자세로 되돌아간다.
- 바를 올리면서 서서히 숨을 내쉰다.

4) 유의점

- 바를 벤치에 올려놓을 때 양쪽이 확실하게 받침대에 걸렸는지 확인한다.
- 등·허리 부위가 벤치에서 떨어지지 않게 하고 머리와 등, 허리 부위가 벤치에 계속 닿아 있도록 한다.
- 가슴에서 바를 바운딩시켜서는 안 되며 항상 수평을 유지한다.
- 무게에 의한 가속도를 이용하지 말고 바를 천천히 내리고 올리도록 한다.

11. 바이셉 컬(Bicep curl)

1) 준비 자세

- 양발은 어깨 넓이 정도로 벌리고 언더핸드 그립으로 바를 잡는다.
- 바는 두 발을 편 상태에서 대퇴 앞에 오도록 한다.

2) 동작

- 바를 어깨 부위 삼각근 전방까지 천천히 들어올린다.
- 팔꿈치는 옆구리 옆에 위치하여 움직이지 않도록 한다.
- 이때 약간 동작을 정지하여 바가 대퇴 부위에서 바운딩되는 것을 막는다.

3) 유의점

- 준비 자세에서 숨을 들이마시고, 올림 동작 중에는 숨을 멈추고 올림 동작이 끝난 위치에서 숨을 내쉰다.
- 다리나 몸통의 반동을 이용하지 않도록 하고 동작 중에 몸통은 반드시 고정시킨다.

12. 밀리터리 프레스(Military press)

1) 준비 자세

- 바를 오버핸드 그립으로 잡고 등을 곧게 편 후, 양발을 어깨 넓이 정도로 벌린다.
- 바를 양 어깨에 오도록 하고, 시선은 전견을 보고 선다.

2) 동작

- 등을 곧게 하여 바를 머리 위로 밀어 올린다.
- 수직으로 이동한다.
- 바를 들어올릴 때 숨을 내쉬고, 내릴 때 숨을 들이마신다.

3) 유의점

- 동작 시 몸통이 전후로 움직이지 않도록 하고 등을 곧게 편다.

13. 벤트오버로우(Bent-over row)

1) 준비 자세

- 양발을 어깨 넓이로 하고 무릎은 약간 굽힌 상태를 유지한다.
- 어깨 넓이보다 약간 넓은 그립으로 허리를 굽혀 바를 잡는다. 이때 상체는 수평보다 10~20도 정도 높게 위치하도록 한다.
- 동작 중에는 몸통을 곧게 펴고 단단히 고정시킨다.

2) 동작

- 바를 천천히 복부나 늑골 부위에 닿을 때까지 들어올린다.
- 다리와 등은 고정시키고 등과 팔의 근육만으로 동작이 이루어지도록 한다.
- 잠시 멈추었다가 천천히 준비 자세로 바를 내린다.
- 바를 들어올릴 때 숨을 들이마시고 바를 내릴 때 숨을 내쉰다.

3) 유의점

- 등을 둥글게 말지 말고 곧게 펴서 등과 팔의 근육이 작용하도록 한다.
- 무릎을 약간 굽혀서 허리에 무리가 가지 않도록 한다.

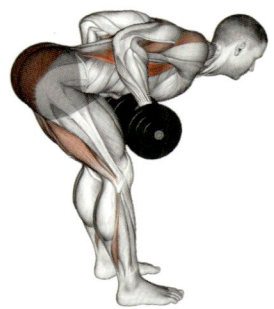

14. 바벨 프론트 런지(Barbell front lunge)

1) 준비 자세

- 바벨의 중앙 부위에 양쪽 균형을 유지하여 어깨 위에 올려놓는다.
- 양발을 30cm 정도 벌리고 선다.
- 상체와 하체는 흔들리지 않도록 안정적인 자세를 유지한다.

2) 동작

- 한 발을 앞으로 내밀어 무릎 각도가 90도 정도 되도록 굽힌다.
- 굽힌 대퇴 부위는 지면과 수평이 되도록 한다.
- 무릎을 굽혔다 펴면서 준비 자세로 돌아온다.
- 반대쪽도 동일하게 실시한다.

3) 유의점

- 허리를 곧게 편 상태를 유지하며, 무릎을 지나치게 굽히지 않도록 한다.

부록 : 주요 웨이트 트레이닝 운동 종목과 방법

15. 덤벨 사이드 런지(Dumbbell side lunge)

1) 준비 자세

- 똑바로 선 자세로 덤벨을 양손에 잡고 선다.
- 상체와 하체는 흔들리지 않도록 안정적인 자세를 유지한다.

2) 동작

- 다리 한 쪽을 옆으로 벌리고 대퇴가 지면과 평행이 되도록 굽힌다.
- 상체를 곧게 편 상태에서 무릎을 굽혔다가 시작 자세로 돌아온다.
- 좌우 다리를 교대로 실시한다.

3) 유의점

- 무릎을 굽혔다가 원위치로 돌아올 때 대퇴 내전근의 수축을 이용한다.
- 초보자의 경우, 바벨을 이용하는 사이드 런지 동작이 균형을 이루기 어려울 수 있으므로 덤벨 사이드 런지가 유용하게 사용될 수 있다.

참고문헌

김기영 (2010). 『트레이닝의 이론과 실제』, 북코리아.
김남정 (2014). 「코어 근육 강화 트레이닝이 여자고등학교 축구선수의 대퇴 등속성 근력과 균형조절 능력에 미치는 영향」, 『한국체육학회지』 53(4): 495-504.
남상남·안정훈·김일곤·이종호·김승석·차진 (2010). 『경기력 향상과 건강 증진을 위한 과학적 트레이닝』, 도서출판 대선.
박은경·정진욱·진영수·정제순 (2009). 「엘리트 고등학교 축구선수의 기술 체력과 동적 균형력, 하지 근력, 무산소성 파워의 상관관계」, 『한국체육학회지』 48(3): 577-584.
서상원·이호성 (2017). 「U-12 유소년축구선수의 운동수행력 및 의학적 평가」, 『한국체육학회지』 제56권 제5호: 665-677.
오성환 (2019). "Physical preparation for 2019 FIFA U20 world cup. Seoul International Conference on Science & Football 2019", 한국축구과학회 국제 컨퍼런스 발표자료, 2019.
이재홍 (2011). 「코디네이션 트레이닝이 축구선수들의 기술 체력 및 기술 수행력에 미치는 영향」, 서울대학교 대학원 석사학위 논문, 2011.
이용수·김용래 (2015). 「영상 분석을 통한 축구 국가대표 선수와 K-리그 선수의 경기 중 포지션별 이동거리 및 활동 형태 분석」, 『한국축구과학회지』 제4호: 29-38.
이용수·황보관·김용래 (2013). 「축구 경기력 분석 평가를 위한 개념 구조 탐색」, 『한국체육과학회지』 제22권 제5호: 749-762.
Powers, S. K. & Howley, E.T., 최대혁 외 옮김 (2005). 『파워 운동생리학』 5판, 라이프 사이언스.
O'Shea, P., 정성태·전태원·이용수 옮김 (1999). 『파워 트레이닝(Quantum strength & power training)』, 도서출판 태근.

Alves, M., Rebelo, N., Abrantes, C., & Sampaio, J. (2010). "Short-term effects of complex and contrast training in soccer players' vertical jump, sprint, and agility abilities," *The Journal of Strength & Conditioning Research*, 24: 936-941.

Andrzejewski, M., Chmura, J., Pluta, B., & Konarski, M. (2015). "Sprinting activities and distance covered by top level Europa League soccer players," *International Journal of Sports Science & Coaching*, 10: 39-50.

Arnason A, Sigurdsson SB, Gudmundsson A, Holme I, Engebretsen L, and Bahr R. (2004). "Physical fitness, injuries, and team performance in soccer," *Medicine & Science in Sports & Exercise*, 36: 278-285.

Asian Football Confederation (2001). "Physiological demands of elite football players," *Circular Information Paper*, 1-3.

Bangsbo, J. (2007). *Aerobic and anaerobic training in soccer*, Bagsværd, Denmark: Stormtryk.

Bangsbo, J., Mohr, M., & Krustrup, P. (2006). "Physical and metabolic demands of training and match-play in the elite football player," *Journal of Sports Sciences*, 24(7): 665-674.

Blagrove, C. (2013). "Programmes of concurrent strength and endurance training: How to minimise the interference effect. Part 1: Evidence and mechanisms of interference," *Professional Strength & Conditioning*, 31: 7-14.

Blagrove, C. (2014). "Minimising the interference effect during programmes of concurrent strength and endurance training. Part 2 : Programming recommendations," *Professional Strength & Conditioning*, 32: 15-22.

Bloomfield, J., Polman, R., & O' donoghue, P. (2007). "Physical demands of different positions in FA Premier League soccer," *Journal of Sports Science and Medicine*, 6: 63-70.

Bompa, T. & Carrera, M. (2005). *Periodization training for sports*, Champaign, USA: Human Kinetics.

Bompa, T. & Haff, G. (2009). *Periodization: Theory and Methodology of Training*, Champaign, IL: Human Kinetics Publishers.

Bosch, F. (2015). *Strength training and coordination: An integrative approach*, Ten Brink, The Netherlands: 2010 Uitgevers.

Bordonau, D. & Villanueva, M. (2018). *Tactical Periodization – a proven successful training model*, London: SoccerTutor.com.

Bordonau, D. & Villanueva, M. (2012). "Tactical Periodization: Mourinho's best-kept secret?," *Soccer Journal*, May/June: 28-34.

Bradley, P., Carling, C., Gomez, A., Hood, P., Bames, C., Ade, J., Boddy, M., Krustrup, P., & Mohr, M. (2013). "Match performance and physical capacity of players in the top three competitive standards of English professional soccer," *Human Movement Science*, 32: 808-821.

Bush, M., Barnes, C., Archer, T., Hogg, B., & Bradley, PS. (2015). "Evolution of match performance parameters for various playing positions in the English professional soccer," *Human Movement Science*, 39: 1-11.

Cormie, P., McCaulley, O., & McBride, M. (2007). "Power versus strength-power jump squat training: influence on the load-power relationship," *Medicine & Science in Sports & Exercise*, 39: 996-1003.

Cormie, P., McGuigan, R., & Newton, R. (2010). "Adaptations in athletic performance following ballistic power vs strength training," *Medicine & Science in Sports & Exercise*, 42: 1582-1598.

Cormie, P., McGuigan, R., Newton, R. (2011a). "Developing maximal neuromuscular power: Part 1-biological basis of maximal power production," *Sports Medicine*, 41: 17-38.

Cormie, P., McGuigan, R., Newton, R. (2011b). "Developing maximal neuromuscular power: part 2-training considerations for improving maximal power production," *Sports Medicine*, 41: 125-146.

Cronin, J, & Sleivert, G. (2005). "Challenges in understanding the influence of maximal power training on improving athletic performance," *Sports Medicine*, 35: 215-234.

Cunanan, A., DeWeese, B., Wagle, J., Carroll, K., Sausaman, R., Hornsby III, W., Haff, G., Triplett, N., Pierce, K., & Stone, M. (2018). "The General adaptation syndrome: A foundation for the concept of periodization," *Sports Medicine*, 48: 787-797.

DeMers, M. S., Hicks, J. L., & Delp, S. L. (2016). Preparatory co-activation of the ankle muscles may prevent ankle inversion injuries. Journal of Biomechanics, Epub ahead of print. doi:10.1016/j.jbiomech.2016.11.002.

Di Salvo, V., Baron, R., Tschan, H., Calderon Montero, F., Bachl, N., & Pigozzi, F. (2007). "Performance characteristics according to playing position in elite soccer," *International Journal of Sports Medicine*, 28: 222-227.

Di Salvo, V., Gregson, W., Atkinson, G., Tordoff, P., & Drust, B. (2009). "Analysis of high intensity activity in premier league soccer," *International Journal of Sports Medicine*, 30: 205-212.

Drust, B., Atkinson, G., & Reilly, T. (2007). "Future perspectives in the evaluation of the physiological demands of soccer," *Sports Medicine,* 37(9): 783-805.

Edge, J., Hill-Haas, S., Goodman, C., & Bishop, D. (2006). "Effects of resistance training on H+ regulation, buffer capacity and repeated sprints," *Medicine & Science in Sports & Exercise*, 38: 2004-2011.

Faude, O., Koch, T., & Meyer, T. (2012). "Straight sprinting is the most frequent action in goal situations in professional football," *Journal of Sports Sciences*, 30: 625-631.

Faigenbaum, A., Kraemer, W., Blimkie, C., Jeffreys, I., Micheli, L., Nitka, M., & Rowland, T. (2009). "Youth resistance training: Updated position statement paper from the national strength and conditioning association," *The Journal of Strength and Conditioning Research*, 23(S5): S60–S79.

Flanagan, E., & Comyns, M. (2008). "The use of contact time and the reactive strength index to optimize fast stretch-shortening cycle training," *Strength & Conditioning Journal,* 30: 33-38.

Gamble, P. (2006). "Periodization of training for team sports," *Strength & Conditioning Journal*, 28: 56–66.

Haff, G., & Nimphius, S. (2012). "Training principles for power," *Strength & Conditioning Journal*, 34(6): 2–12.

Haff, G., Carlock, J., Hartman, M., Kilgore, J., Kawamori, N., Jackson, J., Morris, T., Sands, A., & Stone, M. (2005). "Force-time curve characteristics of dynamic and isometric muscle actions of elite women olympic weightlifters," *The Journal of Strength & Conditioning Research*, 19: 741–748.

Handziski, Z., Maleska, V., Petrovska, S., Nikolik, S., Mickoska, E., Dalip, M., & Kostova, E. (2006). "The changes of ACTH, cortisol, testosterone and testosterone/cortisol ratio in professional soccer players during a competition half-season," *Bratislavske Lekarske Listy*, 107: 259–263.

Hansen, T., Cronin, B., Pickering, L., & Douglas, L. (2011). "Do Force-Time and Power-Time Measures in a Loaded Jump Squat Differentiate between Speed Performance and Playing Level in Elite and Elite Junior Rugby Union Players?," *The Journal of Strength & Conditioning Research*, 25: 2382–2391.

Harris, R., Stone, H., O'Bryant, S., Proulx, M., & Johnson, L. (2000). "Short-term performance effects of high power, high force, or combined weight-training methods," *The Journal of Strength & Conditioning Research*, 14: 14–20.

Hedrick, A. (2002). "Designing effective resistance training programs: a practical example," *Strength and Conditioning Journal*, 24(6): 7-15.

Helgerud, J., Engen, L., Wisloff, U., & Hoff. J. (2001). "Aerobic endurance training improves soccer performance," *Medicine & Science in Sports & Exercise*, 33: 1925–1931.

Henneman, E. (1985). "The size-principle: A deterministic output emerges from a set of probabilistic connections," *Journal of Experimental Biology*, 115: 105–112.

Holmberg, P. (2009). "Agility training for experienced athletes: A dynamical systems approach," *Strength & Conditioning Journal*, 31: 73-78.

Impellizzeri, F. M., Rampinini, E., Castagna, C., Bishop, D., Ferrari Bravo, D., Tibaudi, A., & Wisloff, U. (2008). "Validity of a repeated-sprint test for football," *International Journal of Sports Medicine*, 29(11): 899-905.

Jeffreys, I., Huggins, S., & Davies, N. (2018). "Delivering a gamespeed-focused speed and agility development program in an English premier league soccer academy," *Strength and Conditioning Journal*, 40(3): 23-32.

Jeffreys, I. (2016). "Agility training for team sports-running the OODA loop," *Professional Strength & Conditioning*, 42: 15-21.

Kawamori, N. & Haff, G. (2004). "The optimal training load for the development of muscular power," *The Journal of Strength & Conditioning Research*, 18: 675-684.

Keiner, M., Sander, A., Wirth, P., Caruso, O., Immesberger, P., & Zawieja, M. (2013). "Trainability of Adolescents and Children in the Back and Front Squat," *The Journal of Strength and Conditioning Research*, 27: 357-362.

Knudson, V. (2009). "Correcting the use of the term "power" in the strength and conditioning literature," *The Journal of Strength & Conditioning Research*, 23: 1902-1908.

Kraemer, W., Adams, K., Cafarelli, E., Dudley, G., Dooly, C., Feigenbaum, M., Fleck, S., Franklin, B., Fry, A., Hoffman, J., Newton, R., Potteiger, J., Stone, M., Ratamess, N., and Triplett-McBride, T. (2002). "Progression models in resistance training for healthy adults," *Medicine & Science in Sports & Exercise*, 34: 364-380.

Kraemer, W., French, N., Paxton, J., Häkkinen, K., Volek, S., Sebastianelli, J., Putukin, M., Newton, U., Rubin, R., Gomez, L., Vescovi, D., Ratamess, A., Fleck, J., Lynch, M., & Knuttgen, G. (2004). "Changes in exercise performance and hormonal concentrations over a big ten soccer season in starters and nonstarters," *The Journal of Strength & Conditioning Research*, 18: 121-128.

Kraemer, W. & Looney, D. (2012). "Underlying mechanisms and physiology of muscular power," *Strength and Conditioning Journal*, 34(6): 13-19.

Kummel, J., Kramer, A., Giboin, L. S., & Gruber, M. (2016). "Specificity of Balance Training in Healthy Individuals: A Systematic Review and Meta-Analysis," *Sports medicine*, 46(9): 1261-1271.

Lee, J. H., Lee, H. J., & Lee, W. H. (2014). "Effect of weight-bearing therapeutic exercise on the q-angle and muscle activity onset times of athletes with patellofemoral pain syndrome: a randomized controlled trial," *Journal of Physical Therapy Science*, 26(7): 989-992.

Little, T., & Williams, G. (2007). "Effects of sprint duration and exercise:rest ratio on repeated sprint performance and physiological responses in professional soccer players," *The Journal of Strength & Conditioning Research*, 21: 646-648.

Mallo, J. & Navarro, E. (2008). "Physical load imposed on soccer players during small-sided training games," *The Journal of Sports Medicine and Physical Fitness*, 48: 166-171.

McNeal, J. and Sands, W. (2003). "Acute static stretching reduces lower extremity power in trained children," *Pediatric Exercise Science*, 15: 139-145.

Mirkov, D., Nedeljkovic, A., Kukolj, M., Ugarkovic, D., & Jaric, S. (2008). "Evaluation of the reliability of soccer-specific field tests," *The Journal of Strength & Conditioning Research*, 22: 1046-1050.

Mohr, M., Krustrup, P., Bangsbo, J. (2003). "Match performance of high-standard soccer players with special reference to development of fatigue," *Journal of Sports Sciences*, 21:518-528.

Murlasits, Z. & Langley, J. (2002). "In-season resistance training for high school football," *Strength and Conditioning Journal*, 24(4): 65-68.

Peterson, D., Alvar, A., & Rhea, R. (2006). "The contribution of maximal force production to explosive movement among young collegiate athletes," *The Journal of Strength & Conditioning Research,* 20: 867-873.

Peterson, M., Rhea, M., Alvar, B. (2005). "Applications of the dose-response for strength development: A review of meta-analytic efficacy and reliability for designing training prescription," *The Journal of Strength & Conditioning Research,* 19: 950-958.

Powers, C. M. (2003). "The influence of altered lower extremity kinetics on patellofemoral joint dysfunction: a theoretical perspective," *Journal of Orthopaedic and Sports Physical Therapy,* 33(11)): 639-646.

Rampinini, E., Coutts, A., Castagna, C., Sassi, R., & Impellizzei, F. (2007). "Variation in top level soccer match performance," *International Journal of Sports Medicine,* 28: 1018-1024.

Rampinini, E., Impellizzerri, M., Castagna, C., Abt, G., Chamari, K., Sassi, A., & Marcora, M. (2007b). "Factors influencing physiological responses to small-sided games," *Journal of Sports Sciences,* 25: 650-666.

Reilly, T., & White, C. (2005). "Small sided games as an alternative to interval training for soccer players," in *Science and Football,* V: The Proceedings of the Fifth World Congress on Science and Football, p.559.

Sporis G, Jukic I, Ostojic SM, and Milanovic D. (2009). "Fitness profiling in soccer: Physical and physiologic characteristics of elite players," *The Journal of Strength & Conditioning Research,* 23: 1947-1953.

Robbins, D. (2005). "Postactivation potentiation and its practical application: A brief review," *The Journal of Strength & Conditioning Research,* 19: 453-458.

Rønnestad, R., Nymark, S., & Raastad, T. (2011). "Effects of in-season strength maintenance training frequency in professional soccer players," *The Journal of Strength & Conditioning Research,* 25: 2653-2660.

Shimano, T., Kraemer, W., Spiering, B., Volek, J., Hatfield, D., Silvestre, R., Vingren, J., Fragala, M., Maresh, C., Fleck, S., Newtown, R., Spruewenberg, L., and Häkkinen, K. (2006). "Relationship between the number of repetitions and selected percentages of one repetition maximum in free weight exercises in trained and untrained men," *The Journal of Strength & Conditioning Research*, 20: 819-923.

Shrier, I. (2004). "Does stretching improve performance? A systematic and critical review of the literature," *Clinical Journal of Sport Medicine*, 14: 267-273.

Staron, S., Hagerman, C., Hikida, S., Murray. F., Hostler, P., Crill, T., Ragg. E., & Toma, K. (2000). "Fiber type composition of the vastus lateralis muscle of young men and women," *Journal of Histochemistry & Cytochemistry*, 48: 623-629.

Stone, H., Moir, G., Glaister, M., & Sanders, R. (2002). "How much strength is necessary?," *Physical Therapy in Sport*, 3: 88-96.

Strudwick, T., & Reilly, T. (2001). "Work-rate profiles of elite premier league football players," *Insight: the FA Coaches Association Journal*, 4(2): 28-29.

Toji, H., & Kaneko, M. (2004). "Effect of multiple-load training on the force-velocity relationship," *The Journal of Strength & Conditioning Research*, 18: 792-795.

Thorpe, R. & Sunderland, C. (2012). "Muscle damage, endocrine, and immune marker response to a soccer match," *The Journal of Strength & Conditioning Research*, 26: 2783-2790.

Turner, A., & Stewart, P. (2014). "Strength and conditioning for soccer players," *Strength and Conditioning Journal*, 36(4): 1-13.

Walker, G., & Hawkins, R. (2018). "Structuring a program in elite professional soccer," *Strength and Conditioning Journal*, 40(3): 72-82.

Wing, C. (2018). "In-Season strength and power training considerations for professional soccer teams competing within national level competitions," *Strength and Conditioning Journal*, 40(3): 12-22.

Wisløff, U., Castagna, C., Helgerud, J., Jones, R., & Hoff, J. (2004). "Strong correlation of maximal squat strength with sprint performance and vertical jump height in elite soccer players," *British Journal of Sports Medicine*, 38: 285-288.

Zafeiridis, A., Dalamitros, A., Dipla, K., Manou, V., Galanis, N., and Kellis, S. (2005). "Recovery during high-intensity intermittent anaerobic exercise in boys, teens and men," *Medicine & Science in Sports & Exercise*, 37: 505-512.

Zakas, A., Doganis, G., Galazoulas, C., and Vamvakoudis, E. (2006). "Effect of acute static stretching duration on isokinetic peak torque in prepubescent soccer players," *Pediatric Exercise Science*, 18: 252-261.